リフォーム業者からの見積書が高いと感じたら読む本

リフォームのカラクリと
悪徳業者に騙されない方法

白子 靖将

つた書房

はじめに

・不動産屋から見積りを取ったけど、ドンドン値段が上がってくるんだけど……
・飛込み業者に工事しないと危ない！って言われてるけどどうなの？
・見積り内容を見ても、わからないけど、安い所選べばいいんでしょ？

こういうお問い合わせを、日々ケアフルリフォームに頂いています。

皆さん共通しているのは、「工事内容の根拠が不透明」で、業者を信頼しても良いのかモヤモヤしてしまっているというところ。

皆さんリフォームがわからないからプロに相談されるわけですが、相談したのに見積りの根拠も内容もわかり辛い打ち合わせ内容や資料。

「プロが言うならそうなのかな？まあここは安いし……」と面倒くさくなって決めてしまいがちです。そういう結果、自分が想像していた結果と違う！となり、業者は「契約書にそんなのないでしょ？」と論争になる事が多いです。

これは業者の説明不足、提案不足が第一に挙げられます。

事実当社でも過去反省する事があるたび、わかりやすい提案になる様に見積り書式から、改善を重ねてきています。

第二には、リフォームされる方の業者選びや見積りの見方などの基礎知識不足。これは決してお客様を責める訳ではありません。最低限の知識を持てば、業者選び等で間違わないという事です。


新築を建てる場合だと、皆さんかなりの事を勉強されたり、業者や親、知人に聞きながら進められる方が多いです。

けれどもリフォームとなると、新築に比べて準備をされる方が明らかに少ない様に感じます。

当然全面リノベーションと比較してです。

新しいモノを組み立てる新築よりも、見えない劣化部分まで想定して進めるリフォームの方が複雑でブラックボックスになりやすいところも有るのかと思います。

けれども結局のところ、新築もリノベーションも「最も高価で大切な資産」に関する事。

最低限の知識は身に付けなければ、失敗した時のダメージは同規模です。

でもそういう知識を身に付けるにも、「何を見ればイイの?」「誰に聞けばイイの?」となりがち。実際に私も12〜3年くらい前にリフォーム業に携わる前はそんな感じでした。

本やリフォーム業の先人たちから学ぶのはモチロン、現場を見たり。数年前までお客様からのお問い合わせは、私が全件出て最初にお話を聞いたり。お客様の声を直接お聞かせいただいたり、お叱りも直接お会いして頂いたり。

建築知識はベテラン職人さんや建築士等から見たらゼンゼンですが、ビジネスモデルや人事制度の改変などから、販促〜足元の業務理解に努めてきました。

こういう事を10年以上繰り返し、リフォーム業という全景が見えてきて、失敗しない計画のポイントなどもわかる様になってきました。

ですから皆さまにリフォームを行う最低限の基礎知識として、失敗しない業者選びのポイントや、見積りの正しい見方のコツなどを本書はわかりやすくまとめました。

本書内ではチェックシートをQRコードから確認いただける様にしております。

これらを組み合わせ、最も高価で大切な資産であるお家を、リノベーションでステキにする計画を立てて頂ければ、ご満足いただける結果になる様にまとめました。

まだまだ足らない部分などは、ＳＮＳで随時発信して行くのでご確認ください。

不安や失敗したらどうしよう……というネガティブな感情ではなく、本書をご覧いただき、「前向きに楽しみながら」リフォームリノベーションを計画していきましょう！

ケアフル株式会社
代表取締役
白子靖将

CHAPTER 01 リフォーム業者からの見積り書が高いと感じませんか？

CHAPTER 02

知らないと大損する リフォーム業者の儲けのカラクリ

CHAPTER 03

リフォーム業者が出す見積り金額と原価の秘密

CHAPTER 04 良いリフォーム業者の見分け方と探し方を知ろう

CHAPTER 05

悪質リフォーム業者にだまされない概算値段教えます

CHAPTER 06 リフォーム工事はこうすれば成功する

読者特典

本書で紹介した、リフォーム計画をスムーズに進められる、
チェックシートをPDFでプレゼント!

本書でもご案内している、業者選びや見積り比較がスムーズに行えるように、チェックシートをまとめました。リフォーム計画から、スケジュール設定、業者や見積り比較までの一連の流れを進められる様になっています。
ご参考頂ければ幸いです!

特典申請はこちらから
フォームより申請後、ダウンロードURLがメールで届きます。

直接ブラウザに入力する際には下記URLをご入力ください。
https://chiba-reform.biz/dokushatouroku

※上記はトラブル防止など、効果を保証するものではありません。

CHAPTER 01

リフォーム業者からの見積り書が高いと感じませんか？

SECTION 01 身近に潜む悪徳リフォーム業者は意外と多い

◆「一番安いから」と業者を選ぶのはキケン

もしも今あなたの手元にあるリフォームの見積りが、請求時に100万円以上高くなっていたらあなたはどうしますか？　何も疑問を抱かずにその金額を支払うことができるでしょうか。見積りの金額が請求時に大幅に異なるなどあり得ないと思われるかもしれませんが、実はリフォーム業界ではこのようなことがよく起こります。複数の業者の見積りから最も安い業者を選んでも、見積りには含まれていない追加工事が必要になり、最終的に高額のリフォーム金額を支払う羽目になってしまうのです。

リフォームの依頼者が建築に関して知識を持たない素人であるのをいいことに、根拠が曖昧な見積りやわかりにくい見積りをわざと作成し、必要以上にリフォーム代を高くするといったことも横行しています。実際に他社からもらったリフォームの見積りを自社で改めて計算し直すと、同様の内容の工事が100万円以上安くなることも珍しくありません。リフォームは小さな工事から大きな工事までさまざまありますが、依頼する相手を正しく選ばないと、大きく損をすることになります。

もしかしたら今、あなたの手元にはリフォーム業者からの見積りがいくつかあるかもしれません。あるいは、これから見積りを依頼しようと考えているところかもしれません。もしそうなら、正式に業者に依頼する前に正しい業者の選び方や見積りの見方などの知識を知っておかれることをおすすめします。

先ほども書いたように、リフォームの業界で使われている見積りは、素人が見ても何がなんだかわからない内容になっています。ただでさえ、一般の人は建築やリフォームに関する知識を持っていないのです。「住まいをよくしたい」という純粋な気持ちにつけこまれ、ありえない金額を請求されないためにも、本当に手元にある見積りでいいかをしっかり確かめていきましょう。

◆他人事だと思っている人ほど引っかかる

行政から配られる広報誌などで「悪徳業者に注意」と書かれた文面を見たことがある人もいると思います。その文面を見て、「普通、騙される前に気づくだろうに」と他人事に感じたことはありませんか。でも、気をつけてください。そんな人ほど要注意です。なぜなら、騙された人は皆、「まさか自分が騙されるわけがない」と思っているからです。

例えば、次の2つの見積りを見てあなたはどう感じますか？

この2つの見積りは、どちらも同じ家の内装のリフォームで、畳の交換と壁紙の張り替えを行うという内容のものです。よく見ると、同じ工事であるにも関わらず見積りの金額に140万円以上の差があります。この金額差を見れば、「同じ内容なら、安く工事をしてくれる会社に頼みたい」と感じる人が多いでしょう。

しかし、この見積りを提示している2社のどちらとも契約をしてはいけません。なぜなら、この見積りだけで契約すると、後からどんどん追加請求をされる恐れがあるからです。詳しい理由は後ほど解説しますが、この2社の見積りは、どちらも工事の詳細が記載されていないことに気づかれたでしょうか。見積りにはそれらしい項目が記載されていますが、それぞれの項目がどのような工事を指しているのかがわかりにくくなっています。そもそも、同じ工事内容なのに140万円もの差が出ることがおかしいと思いませんか。

例えば、55万円の見積りを提示した会社に工事を依頼すると、どういったことが起こり得るでしょうか。まず考えられることは、追加工事です。追加工事とは、契約の後から発生する工事のことをいい、建築土木の世界ではよく行われる工事の種類のひとつです。建築工事の場合、どうしても現場の状況によって見積りの段階で

図1：リフォームの見積りの例

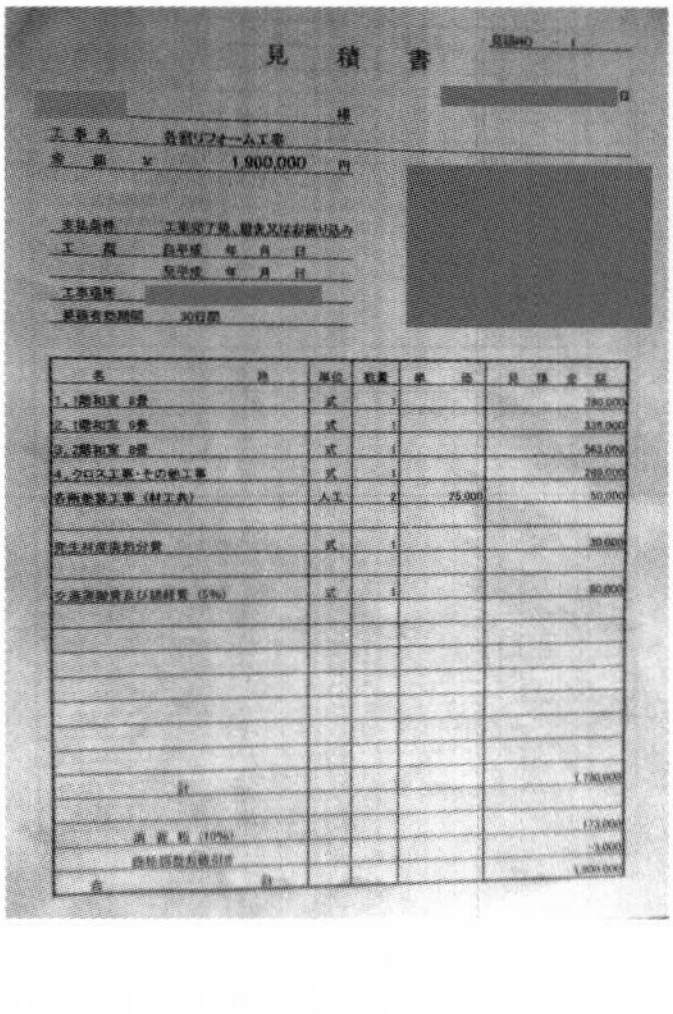

見積書

工事名　各部リフォーム工事

金額　¥　1,900,000 円

工事場所

見積有効期間　30日間

名称	単位	数量	単価	見積金額
1．1階和室 8畳	式	1		380,000
2．1階和室 9畳	式	1		335,000
3．2階和室 8畳	式	1		563,000
4．クロス工事・その他工事	式	1		289,000
各所塗装工事（材工共）	人工	2	25,000	50,000
発生材産廃処分費	式	1		30,000
交通運搬費及び諸経費（5%）	式	1		80,000
計				1,730,000
消費税（10%）				173,000
端数調整お値引				-3,000
合計				1,900,000

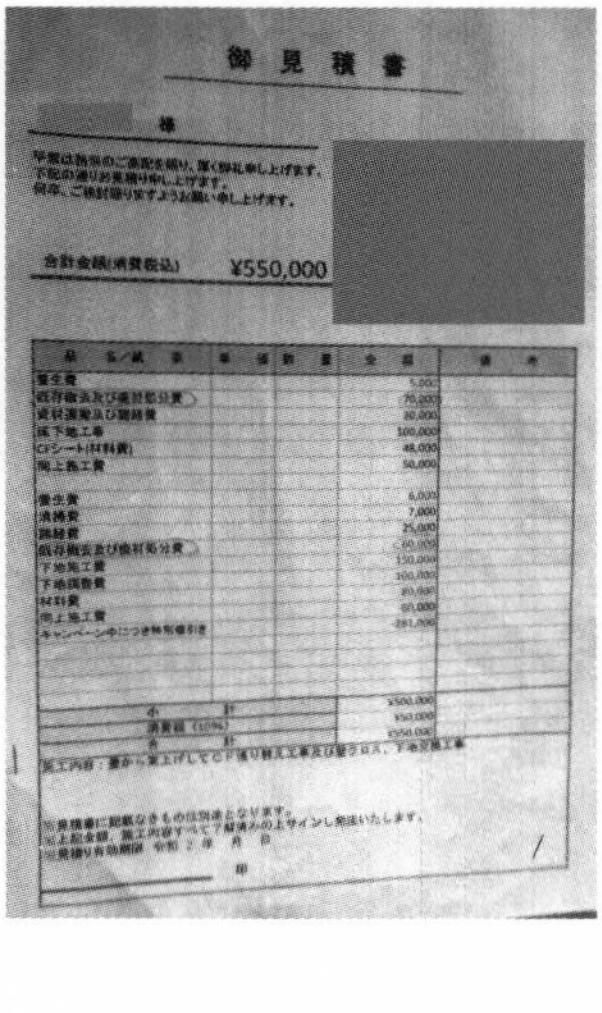

御見積書

様

平素は格別のご高配を賜り、厚く御礼申し上げます。
下記の通りお見積り申し上げます。
何卒、ご検討賜りますようお願い申し上げます。

合計金額(消費税込)　¥550,000

品名／摘要	単価	数量	金額	備考
養生費			5,000	
既存撤去及び産廃処分費			70,000	
資材運搬及び諸経費			30,000	
床下地工事			100,000	
CFシート(材料費)			48,000	
床上施工費			50,000	
養生費			6,000	
清掃費			7,000	
諸経費			25,000	
既存撤去及び廃材処分費			60,000	
下地施工費			150,000	
下地調整費			100,000	
材料費			80,000	
仕上施工費			60,000	
キャンペーン中につき特別値引き			-281,000	
小計			¥500,000	
消費税（10%）			¥50,000	
合計			¥550,000	

※見積書に記載なきものは別途となります。

はわからなかった工事が必要になるケースがあります。例えば浴室リフォームの工事であれば、床下の正確な状況は、実際の工事で解体してみないとわからないものです。見積り時には下見を行い外から確認をしますが、想定以上に土台や柱の木部が腐っていたり、シロアリが発生していたりすることも少なくありません。その場合、見積りには含まれていないからといって見て見ぬふりをして工事を進めてしまうと、悪いところがさらに放置されることになります。そこで見積りにはない追加工事を行い、必要な補修等を行うことがあります。

そういうわけで、建築土木の世界ではあってもおかしくない追加工事ですが、それをいいこ

図2：追加工事を請求しやすくするための一文

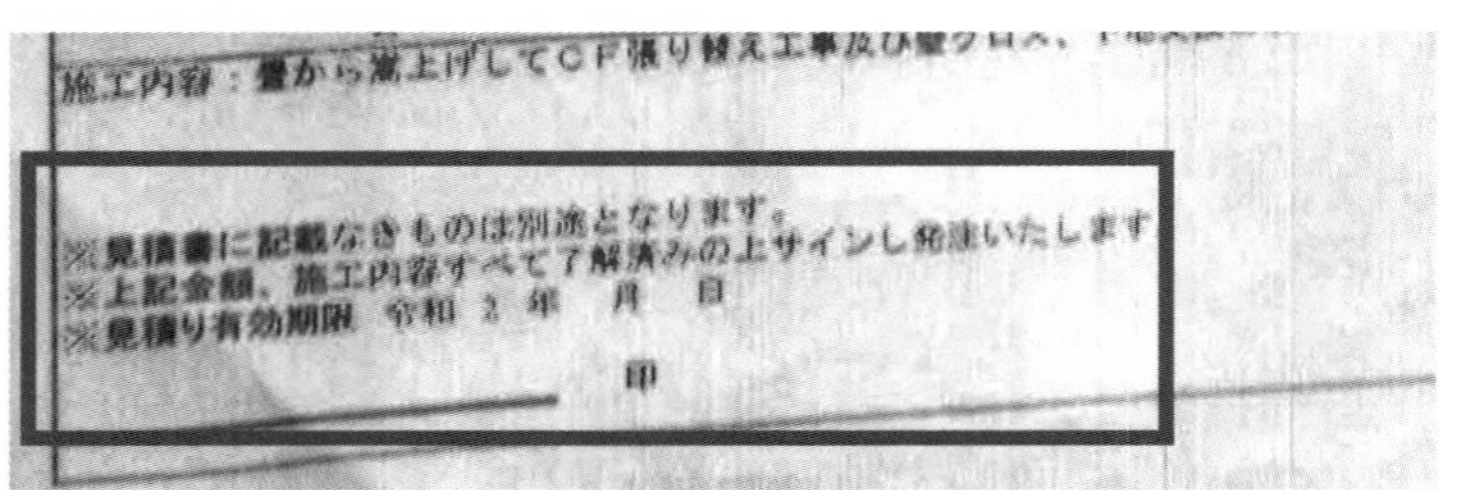

※見積書に記載なきものは別途となります。
※上記金額、施工内容すべて了解済みの上サインし発注いたします。
※見積り有効期限　令和2年　月　日
印

「見積りに記載のない項目は別途となります」と記載があります。つまり、追加の費用が発生します！　ということ。やむを得ない追加工事もありますから、どの会社も記載する文言ではありますが、見積りに細かい工事の内訳がない会社の場合は、後から請求しようと企んでいる可能性も……。

とに、「後から追加工事をして請求すればいい」と適当に安い金額で見積りを出して契約を獲得しようとする業者が多いのです。

事実、先ほどの2つの見積りでは、あるべき項目が見積りの中に含まれておらず本来やってほしい工事を行うことができない内容になっています。その上驚くべきことは、この見積りを出しているのは、いかにも悪徳なリフォーム業者ではなく街の工務店や小さなリフォーム会社だということ。「地元の業者だから安心できる」と考えていると、後々にトラブルに巻き込まれる可能性も十分にあります。

◆悪徳リフォーム業者が減らない法律の抜け道

なぜいい加減なリフォーム業者が普通に営業できているのかと不思議に思う人もいると思いますが、それは法律に抜け道があるからです。

現在の法律では、500万円以下の工事であれば、リフォーム業を行うのに資格や免許がなくても行えることになっています。つまり、500万円以下のリフォームであれば、誰がやってもいいのです。お風呂のリフォームやキッチンのリフォーム、トイレのリフォーム等であれば、500万円もかけずにリフォームが可能ですから、悪徳業者やリフォーム会社は、そうした少額リフォームを狙って合法に営業活動を行っています。

悪質なリフォーム会社の中には、相場より安く職人に仕事を依頼しつつ、顧客からは相場以上の費用を取る会社もあります。もちろん、中にはきちんと丁寧に仕事をしてくれるリフォーム会社もありますが、安くていい加減な工事で済ませる会社も少なくありません。資格や免許がなくても工事を行え、公的機関からもチェックされない。おまけに施主は建築に関して素人なので、気づかれる心配もありません。悪いことを考える人たちにとって、リフォーム業はボロ儲けにちょうどいいのです。

◆知っておきたいリフォームに関する法律

建築物の工事には、国土交通大臣の建設業許可を取得することが定められています。しかし、すべての建設工事で許可が必要なわけではなく、「軽微な工事」のみを請け負う場合には建設業許可がなくても工事を請け負うことができます。

では、「軽微な工事」とは何かというと、工事1件の請負代金が1500万円未満（含、消費税）の工事、あるいは請負代金の額にかかわらず、木造住宅で延べ面積が150㎡未満の工事が該当します。その軽微な工事には、さらに行政の建築確認が必要な建築一式工事とよばれる増改築のような工事と、特に何の申請も必要ない建築一式工事以外の工事とにわかれています。

一般的なリフォームの場合、大規模なものでなければ工事1件の請負代金が500万円未満の工事になるため、建築一式工事以外の工事という扱いになり、許可や届出、建築確認等がまったく必要ない工事に当てはまります。

SECTION 02 知らないと危険な訪問販売という営業のお仕事

◆我が家の家のことを真剣に考えてくれる親切な人……?

自宅にいると突然知らない人が訪ねてきて、宗教の勧誘や不用品回収、教材販売などを勧めてくることがあります。いわゆる訪問販売ですね。訪問販売はトラブルが多いですから、聞かない・買わない・関わらないが鉄則です。もし訪問販売の営業マンに押し売りされても契約してはダメだとわかっているので断る人が多いと思います。しかしリフォームとなると、なぜかこの訪問販売の罠にまんまと引っかかってしまう人が多いです。

実はリフォーム業界の訪問販売は、発覚しにくいと言われています。発覚しにくい理由としては、消費者側の知識が少なく、相手の話の良し悪しを見抜くことが難しいからだと考えられます。どういうことなのか、もっとわかりやすくするために、ここで少し、よくある営業マンとのやりとりを紹介します。実際のシーンを想像してみてください。

ピンポーンとチャイムが鳴り出てみると、作業着を着た男性が立っています。
男性「近所のお宅を工事していて、お宅の屋根におかしなところがあり、早くお知らせしたほうがいいと思ったので来ました。よかったら工事のついでなので、上に登って確認してみましょうか？　もちろん確認するだけなので、お代はいりませんよ」
あなた「え、そうなんですか。わざわざすみません」
男性「今屋根を確認しましたけど、瓦が割れているところがあります。このままだと雨漏りで、中の木が腐って大事になってしまうから、修理した方がいいかもしれません。念のために写真も確認しますか？」
あなた「うそ！　確認したいです」
男性「ほら、ここですよ。ここが割れているでしょう。この前の台風かもしれませんね」

男性から差し出されたスマートフォンの写真に映っていたのは、確かに我が家の屋根の写真です。男性の言う通り、瓦の一部が破損しているように見えます。どうして割れてしまったかはわかりません。男性の言う通り台風の影響でしょうか。それとも、もっと前から割れていたのでしょうか。だとしたら、ずっとそこから雨が入っていたことになります。どうしよう……。

こんなふうに、あなたがあれこれと頭の中で考えていると、男性が次のように提案してきます。

男性「このくらいの修理であれば、そんなに時間もお金もかからずにできるはずですよ。もしよければ、うちでやることもできますけど、どうしますか？　いつから割れているかがわからないのでできるだけ急いだほうがいいでしょう。見積りだけでも出しましょうか」

あなた「じゃあ、お願いします。他を探す間に、また雨が降ったら困るからね」

男性「わかりました。では見積りを作成して、あとから持ってきます。その内容でＯＫなら、そのまますぐ工事に入れるように準備をしておくので安心してください」

このようなことは、悪徳リフォーム業者の常套手段です。点検商法と呼ばれる手口で、ウソの点検を行って住民を不安にさせ、商品を購入させたり、工事を契約させたりします。先ほどの会話の中では、営業に来た男性が屋根に登って確認してくれましたが、本当に最初から瓦が割れていたかどうかはわかりません。屋根に登ってから男性が自分で瓦を割り、それを写真に撮って見せることもあるからです。

屋根瓦がどのタイミングで割れたかはわかりませんが、実際に自宅の屋根瓦が割れているのは事実ですから、いずれにしても修繕が必要です。このように、「やらなければならない理由」を提示して、その場で即決させるような流れに持っていくのは、悪徳リフォーム業者のよくやる手口です。

先ほど、悪徳商法が一般の詐欺と比べてわかりにくく、かつ騙される人が多いと言いましたがそれは実際に工事を行っているという事実があるからです。実際に現場で職人が工事をするため、依頼側は騙されていることに気づけません。万一気づいたとしても、その頃には工事から数年経過している場合が多く、泣き寝入りするしかない場合がほとんどです。

独立行政法人国民生活センターのホームページによると、２０２２年度の屋根工事の点検商法に関する相談件数は過去5年間で最も多くなっており、その数は２０１８年度の約3倍にもなっています（図３）。

訪問販売には気をつけなければいけないとわかっていても、何の前触れもなく「屋根瓦が割れている」と言われると、冷静な判断ができなくなってしまうのかもしれません。

◆知らないと怖いリフォームの訪問営業の手口

リフォーム業界における訪問営業の手口は、大きく2つあります。１つは点検商法で、もう１つはモニター商法です。点検商法とは、前項にあった屋根工事の話のように、営業役が各家庭を突然訪問し、「屋根の瓦が剥がれています」

図3：屋根工事の点検商法に関する年度別相談件数

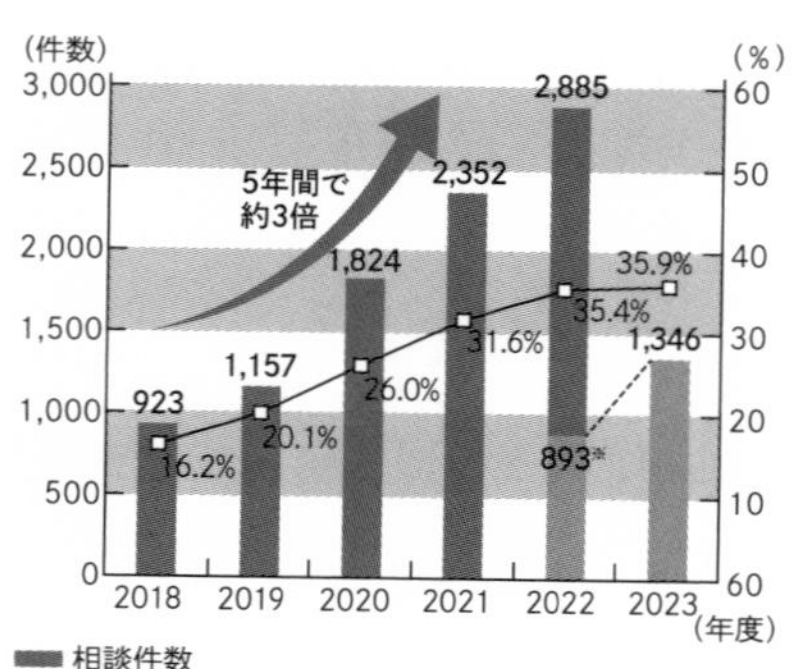

独立行政法人国民生活センターホームページより

「壊れています」などと不安を煽り、工事を契約させる点検商法は、近年増加傾向にあります。

「床下が腐っています」などと不安感をあおり、不要かつ不当な内容の工事を契約させる商法です。場合によっては不当に高額な金額で契約させることもありますが、騙されたことに気づかないよう少額で契約させる場合もあります。

点検商法の場合、被害に遭った人のほとんどが必要性のない工事を勧められています。例えば、床下換気扇や屋根裏換気扇、床下乾燥剤、屋根裏乾燥剤、耐震補強金具などです。また点検商法だからといって「点検」だけに限りません。排水管の高圧洗浄サービスなど、「清掃」をきっかけに訪問することもあります。

点検商法を行う営業マンたちの狙いは、ターゲットの家に入り込むことです。前項のように「屋根を見てあげる」と親切を装い、その家の屋根に登ることができれば、あとは適当な理由をつけて不安を煽るだけで、工事や商品を売りやすくなるからです。

その家の人が気づかなければ、家の欠陥を教えてくれた「いい人」で居続けることができます。

一度「いい人」だと思ってもらえれば、次の商品を売るのは難しくありません。ですからまずは家に入り込むこと、そして次にいい人だと信じ込ませることが彼らの目的です。

さてもう1つのモニター商法とは何でしょうか。モニター商法は、モニター価格で安くリフォーム工事ができると勧め、後から高額な請求を行う手口です。すべてのケースで高額請求されるわけではなく、手抜き工事が行われたり、代金は支払ったのに工事されなかったりという被害が報告されています。

モニターとして安くサービスを利用してもらい、その代わりに販促に協力してもらうというやり方は、良心的なリフォーム会社や住宅メーカーでもよく行われています。ですから、まさか自分がモニター商法に引っかかっているとは考えもしないことが多いのです。

◆自然災害の後を狙った悪徳訪問営業もいる

点検商法やモニター商法の他にも、訪問営業の手口はまだまだあります。意外と知られていない訪問営業の手口として、台風や地震など自然災害が発生した地域を狙うやり方をする業者もいます。本書では、それを災害巡回型の業者と呼ぶことにします。

災害巡回型の業者は、大きな台風被害に遭った地域を狙い、「屋根が剥がれている」「この間

の台風のせいだと思う」などと不安を煽った挙句に「今なら屋根の修繕工事が安くできる」などと謳って契約を迫ります。実際に屋根に損傷がない場合もありますが、後から自分たちで屋根を破損させるような悪い業者もいます。戸惑う家主には、火災保険や地震保険で工事費用がおりるから大丈夫などと言い、納得させます。

実際に火災保険や地震保険が使えるケースもありますが、火災保険や地震保険はそう簡単に受け取れる保険ではありませんし、自然災害による被害であることを証明しなければなりません。もしも申請が通らなかった場合は、全額自費負担になるので注意しなければなりません。

災害が発生すると、地元の業者は手一杯になり1年先まで対応できないことも多いです。早く直さないとという家主の焦る気持ちにつけ込み、法外な費用でずさんな工事を行う業者が全国からやってくるので気をつけてください。

◆あなたの家の「ココ」が狙われる

いくつか悪徳リフォーム業者の手口を紹介しましたから、ここで改めて、悪徳業者に狙われやすいところを整理しておきましょう。悪徳リフォーム業者が狙うのは、屋根や外壁など家の外から丸見えになる部分です。劣化状況が丸見えになってしまうので、悪徳業者から目をつけられやすくなります。自分は騙されないと自信がある人でも、いざ営業マンを目の前にしたら、まんまと営業マンの口車に乗せられ、不要な契約を結んでしまうことがよくあります。

あなたが今本を読んでいるこの時も、もしかしたら近所のあの人が業者の手口に引っかかっているかもしれません。それほど身近なトラブルだからこそ、悪徳リフォームの訪問営業の手口を事前に知り、被害を事前に防げるようにしておきたいものです。

【悪徳リフォーム業者から狙われやすいところ】

① 屋根

近所の工事の業者などを装い、屋根瓦の割れや欠け、雨漏りを指摘します。中には自分たちで壊してしまう業者もいますから、屋根には人を上げない、が鉄則です。

② 外壁

外壁の日焼けや剥がれ、汚れなどを指摘し、不安感を煽ります。

③太陽光発電のモニター（屋根）

立地や日照条件がよいなどと言い、期間限定で太陽光発電のモニターにならないかと勧めてきます。実際は、太陽光やオール電化の販売が目的ですが、期間限定や地域限定、件数限定などと言い契約を急がせます。

④床下

シロアリ調査の点検、浴室の水漏れ点検を無料で行うなどと言い、修繕工事を勧めます。

ここに挙げたのはあくまで一例ですが、特に気をつけたい箇所は、屋根や外壁など家の外から丸見えになる部分です。劣化状況が丸見えになってしまうので、悪徳業者から目をつけられやすくなります。

◆狙われやすいのは、どんな家？

先ほど悪徳業者から狙われやすいところについて紹介しましたが、狙われやすい家の特徴もあります。悪徳業者が目をつける家は、高齢者が住んでいる家、若い人が住んでいない家だと言われます。特に、一人暮らしの高齢者だと話を聞いてくれる人に心を開きやすいところがあるため、同業者の間で情報共有されているそうです。

また、郵便ポストに郵便物が溜まっているような家や、修繕がされておらずほったらかしになっているような家も狙われやすくなります。

ちなみに、よく噂になる「悪徳訪問販売の業者は、ターゲットにしやすい家に目印をつけて仲間同士で情報共有している」というのは、都市伝説のようなもの。実際にそんなことをしている業者はほとんどいないようです。

ただ、悪徳業者が業者間で情報共有を行なっているのは本当です。彼らは、過去に商材を購入した人たちのリストを共有していますから、他社で以前商材を購入した経験があると、違う会社の営業マンが訪ねてくることがあります。

SECTION 03
知らないと危険なネット集客という営業のお仕事

◆便利そうに見える一括見積りサイトは一番厄介

これまでに紹介してきたリフォームの訪問営業のケースは、主に相手からの売り込みですから、手口を知っておくことで被害を防ぐことは可能です。ただ、それだけではまだ安心できません。実は相手から売り込まれなくても、自ら悪徳業者に問い合わせてしまうケースもあるからです。自ら悪徳業者に問い合わせてしまうきっかけになるのは、現代では欠かせないインターネットです。

リフォームを検討する際、あなたはどうやって業者を探しますか。

昔なら近所の工務店に依頼するのが当たり前だったかもしれませんが、今はインターネット検索で簡単に業者を見つけられます。中でも便利でよく使われているのは、一括見積りサイトです。

一括見積りサイトにアクセスし、希望するリフォーム内容と地域を選択すると、該当する業者が一覧で表示されます。その中から良さそうなところを数件ピックアップして一括見積りのボタンを押すと、該当する業者すべてに通知が届き、早ければその日のうちに見積りが届く仕組みになっています。

確かに1件1件リフォーム会社を探して連絡するよりも、一定の条件でふるいにかけてリフォーム会社を絞る方が効率的です。しかし、この効率的な仕組みのせいで悪徳業者や不親切なリフォーム会社に当たってしまうこともあります。なぜなら、このようなサイトには会社の実態まで詳しく審査する仕組みがないからです。

ユーザーの多くは、業者から送られてくる見積りを価格面だけで比較する傾向があります。ですから、サイトに登録している業者は、そうしたユーザーの傾向を知った上で、概算見積りの金額をあえて安くし、契約後に追加工事で加算しようとしてきます。

悪徳リフォーム業者は良心的なリフォーム会社の中に紛れてしまうので、ユーザーは悪徳リフォーム業者の罠に気づかないまま、安さに惹かれてコンタクトを取ってしまいます。

また案外知られていませんが、このような一括見積りサイトは、運営者がリフォーム業者から最大20％もの仲介手数料をもらうことで成立しているサービスです。そのため、あなたが支払うリフォーム代金の中には、サイト運営者に支払う仲介手数料が上乗せされています。業者選びの手軽さや見積り金額の安さだけに気を取られてしまうとロクなことになりませんので注意しましょう。

◆アフィリエイト広告で自社の宣伝ブログを増やす方法がある

インターネットで検索すると出てくるブログにも注意が必要です。

「ブログでおすすめされていたので」とリフォーム業者を決める人もいますが、参考にしたブログを書いた人が果たして本当に利用者かどうかはわかりません。というのも、参考にしたブログがアフィリエイトという成果報酬型広告のブログである可能性も否定できないからです。

アフィリエイトとは、自分のWEBサイトやブログ、SNSで商品を紹介し、訪問ユーザーが商品を購入すると収益の一部が還元される仕組みのことです。リフォーム業者の中には、このアフィリエイトの仕組みを使って、アフィリエイターと呼ばれる人たちに自社の宣伝をしてもらっているところもあります。アフィリエイターの中には、商品を購入していなくてもブログで広告主の商品を紹介したり、口コミを捏造したりする人もいますから、知りたい業者に対する正当な口コミかどうか判別するのは難しいでしょう。

アフィリエイトは企業のＰＲ戦略としては間違った方法ではありませんが、紹介者であるアフィリエイターは企業とは無関係の一般のネットユーザーたちですから、ブログの内容を統制するのは現実的に困難です。誰かのブログに紹介されているからといって、その内容を鵜呑みにするのは少々危険なのです。

もちろん、きちんと自分たちの経験を伝えようとブログを書いている人もいます。見分けるのは大変ですが、丁寧な記録が残してあるようなブログだったり、運営者がはっきりとわかるようなブログであれば、その内容についてある程度信用してもいいと思います。

反対に、誰が書いているのかよくわからない、運営元がはっきりしないようなブログは、参考程度に留めておくのがいいでしょう。

◆堂々とステマで評価を稼ぐ会社もある

地域のお店を手っ取り早く探す方法のひとつとして、最近はＧｏｏｇｌｅビジネスプロフィールを活用する人が増えています。Ｇｏｏｇｌｅビジネスプロフィールは、Ｇｏｏｇｌｅが提供する無料のローカルビジネス登録サービスで、ビジネスオーナーはこのサービスを活用してＧｏｏｇｌｅ検索やＧｏｏｇｌｅマップ等で存在をアピールすることができる仕組みになっています。

例えばあなたが自分の家から近いリフォーム業者を探したいと考えたとします。そこでＧｏｏｇｌｅの検索エンジンを使って「地域名＋リフォーム」などと検索すると、図のように地図

図4：ケアフルリフォームのGoogleビジネスプロフィール

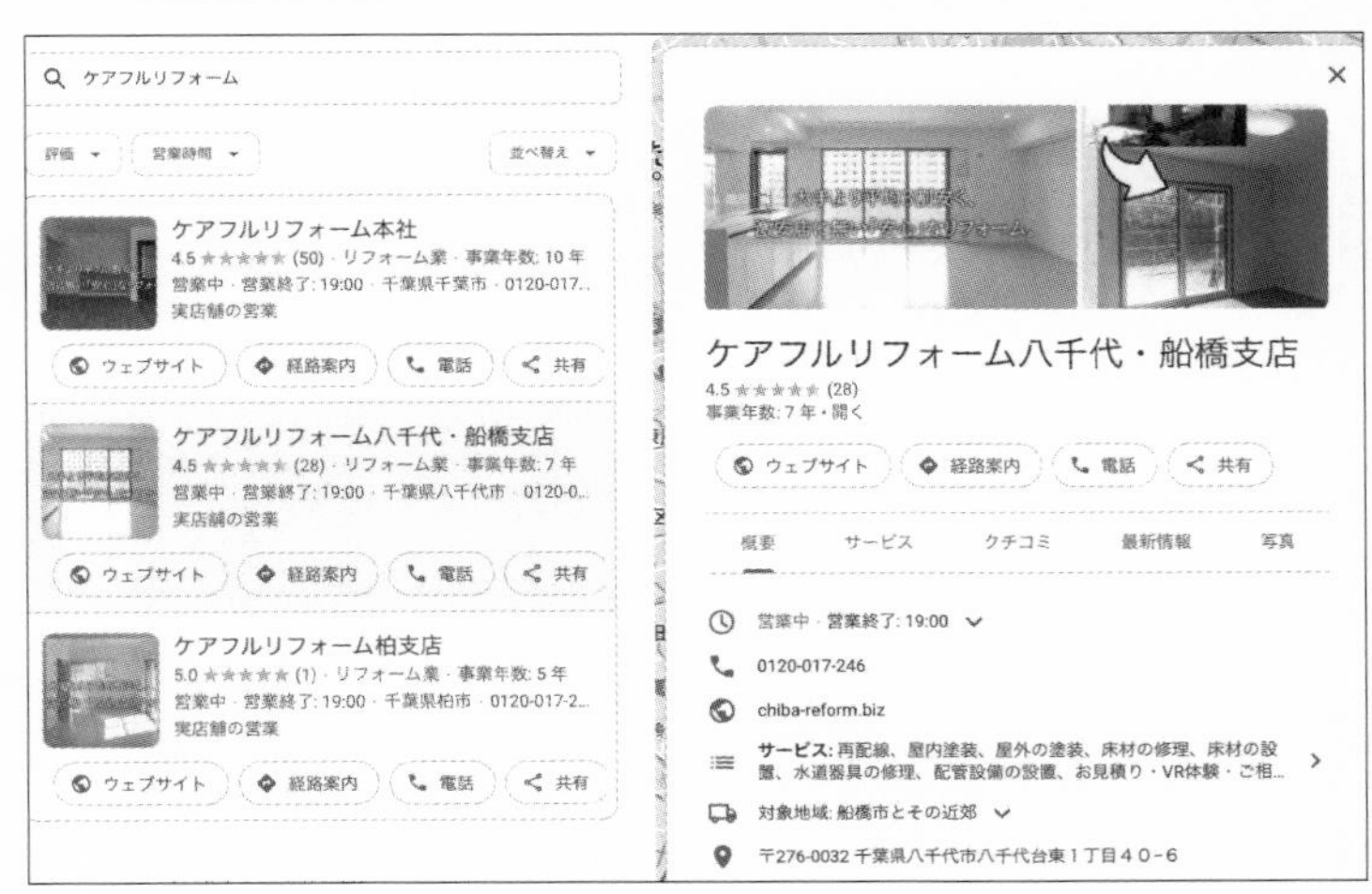

やお店の情報が表示され、知りたい情報にすぐアクセスできるようになっています。

地元のリフォーム会社を探したい時は、このような方法で探すのもいいですが、その際には口コミの内容に注意しなければなりません。Ｇｏｏｇｌｅビジネスプロフィールの口コミは、ユーザーが投稿できるものですから、その会社の評価を知るにはいい材料です。しかし、中には口コミ代行サービスなどを利用して、わざと高評価の口コミを投稿してもらっている会社も存在しています。

街の小さな工務店のはずなのに、大手リフォーム会社よりもはるかに多い口コミ件数があったり、異常に点数や評価が高い口コミばかりが並んでいたりする場合は、口コミを鵜呑みにせず「もしかしたら怪しいかも……」という気持ちで見ておいた方が無難です。

ちなみに、企業や個人が関係のない第三者を装って、自社の製品を宣伝したり、お金を支払っていい口コミを書いてもらったりすることを、ステルスマーケティング（ステマ）といいます。２０２３年10月1日からは景品表示法の禁止行為に「ステルスマーケティング（以下、ステマ）」が含まれるようになりましたから、このような行為を行うこと自体ＮＧです。しかしながら、現実的にはまだまだ隠れてステマを行なっている企業も存在しています。リフォーム業者の口コミの中にも、専門家から見て「これは明らかにステマだな」とわかるような投稿を見つけることがありますから、口コミだけを鵜呑みにするのは危険です。しかも、世の中には「悪い口コミを消す」業者もいますから、ますます本当かどうかがわかりませんよね。

とはいえ、本当にいい口コミがあることも事実ですから、複数の口コミやサイトを参考にして総合的に判断していくというのが現実的かもしれません。

SECTION 04

ダメなリフォーム、ムダなリフォーム

◆リフォーム業界は玉石混合と理解しておく

すでにお伝えしたように、リフォームは請負金額が500万円以下であれば資格や免許がなくても始められるため参入障壁が大変低く、悪徳業者やいい加減な業者もたくさんいます。もちろん、まともに仕事をしてくれる業者やリフォーム会社、工務店もありますが、有名なリフォーム会社でもいい加減な見積りを提示してくることがあります。ですから、本当に判断が難しいといえます。これからリフォームを考えるのであれば、まずリフォーム業界は玉石混合であることを念頭に入れ、ダメなリフォームやムダな高額リフォームを避ける方法を覚えていただきたいと思います。

この後の章では、具体的な方法について詳しく説明していきますが、その前にここで、ダメなリフォームやムダなリフォームについて定義しておきたいと思います。

【絶対に契約してはいけないダメリフォーム】

ダメなリフォームとは、悪徳業者が行うリフォームや手抜き工事が行われるリフォームのことです。悪徳業者の場合は、不要な工事を無理やり行い、工事代金を請求したりやっていない工事の代金を請求したりしてきます。中でも最悪なケースは、手抜き工事や不要な工事が行われたためにやり直し工事が発生し、二重にお金がかかってしまうケースです。ひどい場合だと、大幅なやり直し工事のせいで高額な費用がかかることもあります。

【できれば避けたいムダリフォーム】

話にならないダメリフォームとは違い、ムダなリフォームもあります。ムダなリフォームとは、言葉どおり余分な費用が加算されてしまうリフォームのことです。例えばお客様が素人だからといって「この家には○○じゃないと難しい」などと、あえて高い素材のものを勧めるという具合です。また、後から見積りにない追加工事がどんどん発生する場合も要注意です。後から考えると、本当は要らない工事だったことが判明する事例は後を絶ちません。

他にも大手がやりがちなスケルトンリフォームやパック料金、定額リフォームなどのプランもムダなリフォームになる傾向があります。

ではなぜムダと言えるのか、ここではスケルトンリフォームを例にとり説明します。スケルトンリフォームは、柱などの「躯体部分」を残して、丸ごと入れ替えるリフォーム方法のことです。

もともとリフォームは、すでに劣化している住宅を改善していくことですから、新築と比べコストを抑えることができますが、見えない部分の劣化部分までも想定して計画しなければなりません。一方で新築の場合は、劣化した部分のことを考慮する必要がなくゼロから計画できる分、高額になりますが自由に設計することが可能です。躯体部分を残して総入れ替えするスケルトンリフォームは、新築と同じ感覚で設計するため、リフォームといっても後から高額になってしまうケースが多いです。では、通常のリフォームと比べてどの程度の金額差が出るかというと、マンションで280～1500万円、戸建で300～2000万円も差が出てしまうのです。いくら自分達の希望通りの間取りになるとはいえ、スケルトンリフォームは新築並の金額になりますから、本当にそれでいいかを慎重に検討したほうがいいでしょう。

もう1つ、パック料金についても説明しておきます。

リフォームにおけるパック料金とは、必要と思われる設備一式がセットになった料金体系のことです。例えば「水回りリフォームパック」であれば、システムキッチン、トイレ、洗面、浴室の設備、それに伴う工事費用が含まれており「○○円～」というどんぶり勘定的な料金で設計されています。パック料金については後の章で詳しく解説しますが、どんぶり的な価格設計がしてあり、パック料金に含まれている内容ではリフォーム工事が成立しないようになっています。工事中に追加工事が発生したり、パックには含まれない設備や素材が必要になったりして、最終的に高額なリフォームになっていく仕掛けになっています。

リフォームを行う際は、ダメなリフォームを行うような業者を選ばないのはもちろんのこと、業者都合のムダなリフォームを勧めてくる業者にも注意してください。建築知識を持ち、予算内で適切なリフォームを設計してくれる業者選びが大切になります。リフォームは何度も行うものではありませんから、慎重に業者選びも行うべきです。

SECTION 05
安い業者に頼むと、こんな手抜きに遭う

◆多能工と呼ばれる激安業者や職人の工事は怪しい

建築業界のセオリーとして業界の人間が口を揃えて言うことがあります。それは、「職人の仕事ぶりは値段どおり」ということです。例えば激安業者の場合、便利屋さんの様に設備工事から内装工事まで幅広く行う「多能工」と呼ばれる職人が浅く広い知識で工事を行うことが多々あります。浅く広い知識ですから、新築のような工事ならいいですが、リフォームで扱うような築古物件や、想定外の劣化があるイレギュラーなケースに満足に対応できる力がないことも多いです。しかし、引き受けた以上は仕事を終わらせなければならないため、「わからないけど、無理やりおさめておこう」といわんばかりのいい加減な工事をやりがちです。

実際私の会社でも、こうした多能工の職人たちが行った工事の「やり直し」を何度も請け負ってきた経験があります。ですから、無理に費用を安くしようとすると「安かろう悪かろう」

の工事になってしまう可能性が高いので注意しなければなりません。

これまで私たちが見てきた手抜き工事の事例としては、次のようなものがありました。

【手抜き工事の事例〜外装〜】

あるリフォーム工事の現場では、屋根の塗装工事の際に雨漏りを防ぐ役割を担う縁切りがされておらず、雨漏りの原因になりかけていたことがありました。

縁切りとは、屋根の塗料乾燥後に塞がった隙間の塗膜を切り、水の通り道をつくる工程のことです（図5）。屋根塗装の際に縁切りを行わないと、屋根瓦の重ね目の隙間が塗膜で塞がって

図5：屋根の縁切りのイメージ

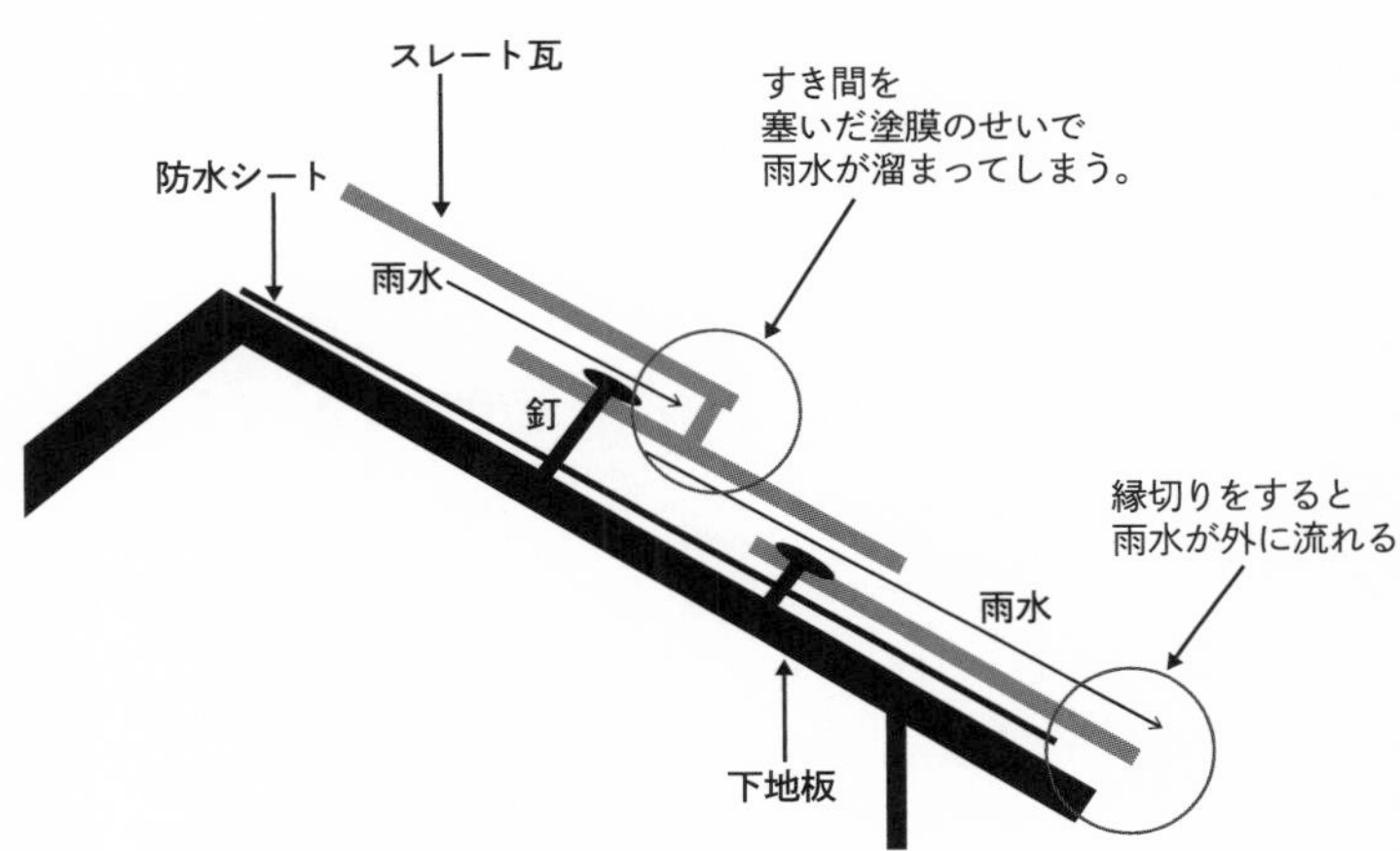

しまい、屋根の内部に雨水が侵入してしまいます。外へ流れることができなくなった雨水は、時間の経過とともに天井を侵食し、やがて雨漏りの原因になってしまいます。

普通は、屋根の塗装工事の場合に縁切りを行いますが、このひと手間を惜しんで縁切りを行わなかったり、知識や経験不足のため縁切りの存在そのものを知らなかったりする職人もいます。些細な工程も、手抜きをすれば将来的に大きな住宅トラブルに発展することがあります。

【手抜き工事の事例～内装①～】

水回りのリフォーム工事の現場から、水漏れがあるので修理してほしいという依頼を受けかけつけたところ、図面とは異なる配管工事が行われており、さらに繋ぎ目から水漏れが発生していました。水漏れがある場所の配管を確認したところ、配管が所定の位置になっておらず、配管が強引にフレキパイプで繋がれていました。

水回りの配管工事では、設計図面通りに配管を繋ぐのが常識ですが、この現場ではそれが行われず、フレキパイプという水道やガスの配管によく使われている配管で強引接続されており、さらにそれらの配管の繋ぎ目の締め付けが悪く、パッキンが潰れていました。水漏れは、このパッキンの潰れが原因で発生していたものでした。

図面通りの工事を行えば通常はこのようなことが起こることはありませんが、強引に配管工事を行ったことからこのようなトラブルが発生したと考えられます。パッキンは経年劣化するものですから、ある程度年数が経過した住宅であればこのようなトラブルも起こり得ますが、この現場はリフォームしたばかりの現場でした。

【手抜き工事の事例〜内装②〜】

リフォームを依頼されて入った現場では、誤った電気配線になっており、漏電や火災の原因になりかけていたことがありました。過去に行われた工事でしたが、明らかに無資格の人の工事であることがわかりました。

職人の中には、電気工事や給排水設備に関す

図6：強引につながれたフレキパイプ

ダメな施工例

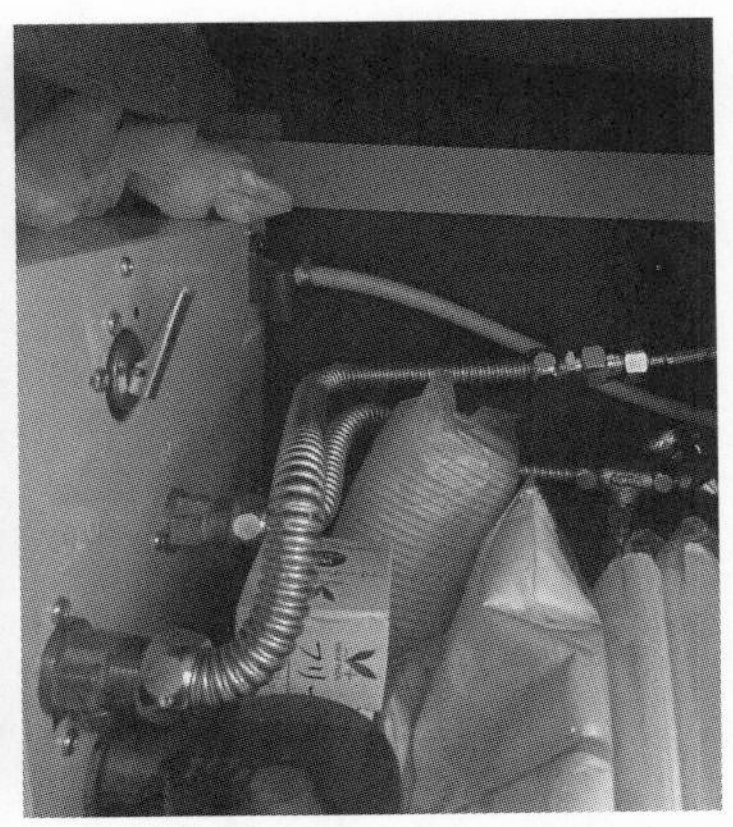

フレキパイプを強引に曲げるのはよくない。正しく繋がないと、水漏れの原因になる。

る資格を持たないにも関わらず、黙って工事を行なってしまう人もいます。そのようなことがあると、水回り関係は水漏れの原因になりますし、電気関係に至っては火災を引き起こす原因になります。

この現場では大きな事故も起こらずに済みましたが、時間が経っていたらどうなっていたかわかりません。リフォームは少額であれば届出がなくても開業できるとお伝えしましたが、リフォーム業を開業することと、工事を行うことは別物です。工事の内容によっては、資格が求められるものもありますので覚えておいてください。

図7：リフォーム工事に関係する資格

第一種電気工事士	戸建て住宅、小規模な店舗や事業所、工場、ビル、マンション、商業施設、公共施設における電気工事が可能。第二種よりも幅広い電気工事が行える
第二種電気工事士	リフォームにおいては、戸建て住宅、小規模な店舗や事業所の工事が可能
電気工事 施工管理技士	建築物や土木構造物の建設や増築などに関する「電気工事に関する施工計画の作成」「工事現場における工程管理・品質管理・原価管理・安全管理」「電気工事の監理」などを行うことが可能
電気通信工事 施工管理技士	LAN ケーブルの新設や電波障害の調査、基地局設置など電気通信に関わる幅広い工事を行います
管工事 施工管理技術士	空調設備や給排水設備など、配管工事の施工管理に関わる高い技術と知識を持つ専門家として認められる国家資格。二級では、冷暖房設備工事、給排水・給湯設備工事、ダクト工事、浄化槽工事、ガス配管工事など建設工事の中でも大きな比重を占める配管設備工事全般などが可能

【手抜き工事の事例～その他～】

リフォームのお客様ではありませんが、普段からお付き合いのある建材屋さんから、ケアフルリフォームへ「助けてほしい」と連絡が入りました。現場に駆けつけてみると、そこは大手不動産会社の現場でした。現場では、不動産会社が依頼した業者が配管工事を適当に行い、ぐちゃぐちゃになってしまった挙句、なぜか誰も対応できないような状況になってしまったとのことでした。

建材屋さんには日ごろお世話になっているので、当社の専門職人が配管をスッキリ整備しましたが、多能工が浅い知識で無理に収めてトラブルになった、典型的な事例でした。現場を担当した職人や業者もいい加減で、やり直しすら依頼できないような現場もありました。

◆手抜き工事はなくならない！　だからこそ誰に依頼するかが重要

前項で紹介した手抜き工事の事例にあるように、「工事のやり直しをしてほしい」と頼まれて現場にかけつけると、信じられないほどずさんな工事が行われていることがあります。先ほど紹介したような手抜き工事の事例はほんの一例で、他にもまだまだ本書に掲載しきれないほど手抜き工事の現場を見てきました。

どうしたら手抜き工事をする人がいなくなるのだろうと考えることもありましたが、現実的に考えると、今後も手抜き工事がなくなることはないでしょう。なぜなら、手抜き工事を無くすには、建築業界の構造や法律の改正などが不可欠になるからです。

手抜き工事がなくならないならば、リフォームをしたい人たちが知識を身につけ、良心的な業者を選ぶなどして防ぐしかありません。業者にとっては大勢いるお客のうちの1人に過ぎませんが、あなたやあなたの家族にとっては大きなライフイベントの一つなのですから、大切な家のリフォームで後悔しないためにも、誰をリフォームのパートナーにするかが大事になってきます。

ある程度リフォームの予算が決まっているかもしれませんが、お金の額よりも質の方が大切です。せっかくお金をかけても、手抜き工事のせいで長持ちしなかったり、すぐにトラブルが発生してしまっては元も子もありません。

SECTION 06 リフォーム業者に騙された？不明な550万円。

◆700万円の見積りが、同じ内容で150万円になる！

前節ではリフォームにおける手抜き工事をいくつかご紹介しましたが、実はまだあなたに知っていただきたいリフォームの問題事例があります。これからご紹介するのは、リフォーム工事ではなく見積りのトラブルです。

ケアフルリフォームと取引がある保険業者のKさんは、外装のリフォームがしたくて見積りをもらったところ、かなり高額な見積りを提示され驚いたことがあると話してくれました。Kさんは、数年前の台風で屋根が剥がれてしまい、そろそろ修理をしなければとスーパーが母体となっているリフォーム会社へ相談に行かれたそうです。そこで見積りを依頼すると、提示された見積りにはなんと700万円の工事が必要だと記載されていました。屋根の修理だけで700万円もするなんておかしいだろうと他の業者をあたってみたところ屋根の修理は150万円で収まることがわかりました。工事の内容は全く変えずに見積りをしても１５０万円以上にはなりませんでしたから、差額の５５０万円は何のためだったのか、未だに謎に包まれています。

Ｋさんはケアフルリフォームを知る前だったので、「もっと早くにケアフルさんを知っていれば」と言ってくださいますが、Ｋさんのような事例は、リフォーム業界では特別珍しくありません。ケアフルリフォームに持ち込まれる他社の見積りを同じ内容でやり直すと、少ないもので数十万円、多くて数百万円も減額できることがあります。もちろん全てのケースで安くなるわけではありませんが、見積りをやり直すことで減額できるケースは非常に多いです。

ここで何が言いたいかというと、リフォーム会社からの見積りを最初から鵜呑みにするのは危険だということです。私たちの見積りがすべて正しいとは思いませんが、適正な見積りが行われているかどうかは、厳しい目で見て、わからないところはしつこく確認するくらいの姿勢でいてもいいのではないかと思います。

CHAPTER 02

知らないと大損する リフォーム業者の 儲けのカラクリ

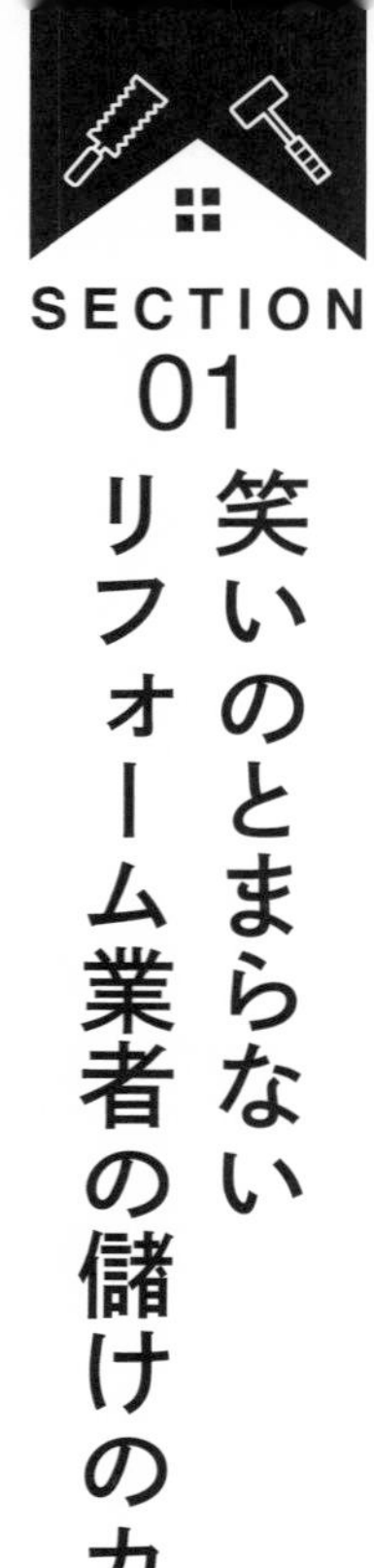

SECTION 01 笑いのとまらないリフォーム業者の儲けのカラクリ

◆リフォーム業は、マジメにやるほど儲からない

1章では、悪徳リフォーム業者の実態について紹介しました。悪徳リフォーム業者の手口を知り、「まさかそんなことがあるなんて」と思われた人もいるのではないでしょうか。特に、500万円以下の少額リフォームの場合は届出がなくても仕事を請け負えるという事実は知らない人も多く、知って大変驚かれる人も少なくありません。本書を読み、「安いリフォーム工事なら、誰でもできるってことじゃないか！」と突っ込みたくなった人もいるでしょう。でも、その通りなんです。極端なことを言えば、リフォーム業は誰でも気軽にできてしまう玉石混合の業界。選ぶ側がしっかりしなければ、痛い目にあいかねません。

では、どうしてそんないい加減な業者が増えてしまうのでしょうか。

いい加減な業者が増える理由としては、すでに紹介したように、資格がなくても開業できてしまうという参入障壁の低さが大きな要因でしょう。それだけでなく、近年のリフォーム需要の増加も関係しています。図8のように、リフォーム業界の市場規模は拡大傾向にありますから、需要の高まりを受けて、気軽に新規参入する業者が増えていることも考えられます。

ここまでの話から、リフォーム会社ってそんなに儲かるのかと思った人もいると思います。しかし現実的な話をすると、残念ながら真面目に仕事をすればするほどリフォーム業は儲かる仕事ではありません。その理由は簡単です。主に理由は2つあり、1つは労働集約型の産業で

図8：住宅リフォーム市場の規模

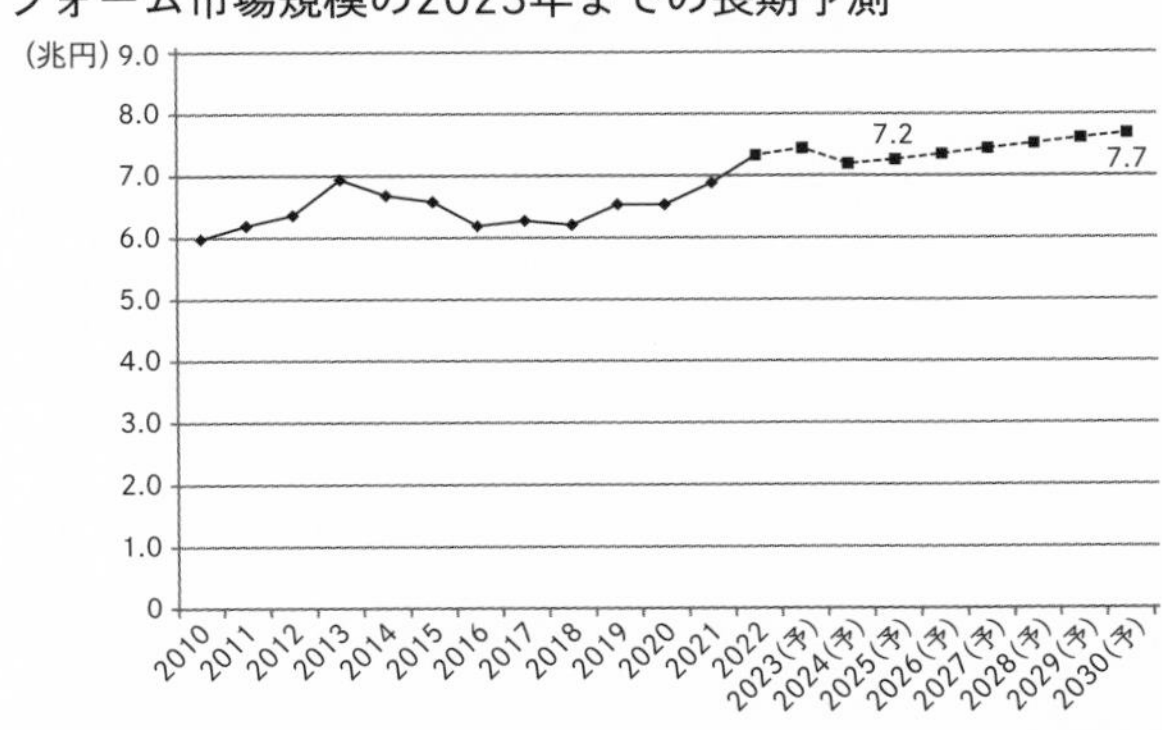

矢野経済研究所調べ

注3：国土交通省「建築着工設計」、総務省「家計調査年報」、総務省「住民基本台帳」、国立社会保障・人口問題研究所「日本の世帯数の将来推計（全国推計）」、内閣府経済財政諮問会議「中長期の経済財政に関する試算」をもとに矢野経済研究所推計

注4：2023年以降は予測値

あること。もう1つはリフォームという仕事が効率化しにくい仕事であるということです。昨今流行りのＡＩも、朽ちた柱を前にしては何の役にも立ちません。やはりそこは職人が、1箇所ずつ丁寧に目で見て確認し、手を動かして直していくことが不可欠になります。何か少しでも自動化ができればコスト削減もできるでしょうが、今のところは難しいといえます。

さらに加えると、お客様が求める品質の高さが、リフォームの現実にそぐわないという側面もあります。リフォームは、すでに古くなったものを改修することでより長く使えるようにするというものですから、新築とは全く考え方が異なります。しかし施主となるお客様にとっては、リフォームといえど大切な資産である住宅に手を加えるわけです。ですから、新築に近いレベルのクオリティを求められることも少なくありません。

私もリフォーム業を営む1人ですからよくわかるのですが、多くのお客様がリフォームに求めるクオリティが新築に近い基準であるのに対し、実際に工事する対象は経年劣化した住宅の修繕です。古くなってしまった柱や壁を補強したり修繕したりして、生まれ変わったように仕上げることはできますが、新品の柱に変わるわけではありません。それでも、少しでもお客様の求める理想に近づけ、満足していただこうと必死になります。ただ、そうしてお客様の期待に誠実に応えようとすればするほど、さまざまな費用や手間がかかり、利益が減ってしまうという悲しい現実があります。

結論から言えば、リフォーム業は真面目にやろうとすればするほど儲かるとは程遠い仕事です。にもかかわらず、一方では笑いが止まらないほど儲けている業者がいるのも事実です。リフォーム業でボロ儲けできている業者の多くは、お客さんがわからないように様々なトリックで利益を多く出そうとしているのです。本書の読者のみなさんには、まずその事実を知っていただきたいと思います。

◆悪徳リフォーム事業者はこうやってボロ儲けする

真面目に仕事をするリフォーム業者は儲からず、いい加減に仕事をするリフォーム業者がボロ儲けできるこの業界。一体ボロ儲けする業者はどんな風にして儲けているのでしょうか。ここでは、リフォームでボロ儲けする悪徳事業者のビジネスモデルについて一緒に紐解いていきましょう。

悪徳リフォーム業者のさまざまな手口は1章でお伝えしてきましたが、主に彼らのビジネスモデルは、不当に高額なサービスや商品を販売することで成立しています。例えば外壁塗装を商材として扱っている業者がよくやる手口はこのようなものです。

悪徳リフォーム業者の会社内には主に営業部と工事部があります。工事部は実際に施工を行うので、メインで動くのは営業部です。営業部は、決められたエリア内の住宅を訪問し、ターゲットとなる人を探す役割を担います。ＯＥＭ等で作った塗料などを自社商品として、他社にはない効果を謳ってきます。営業時には「今だけ安くなる」「宣伝代わりになればいいので、割引します」「うちだけのオリジナル商品なので、他社では一切扱っていない」等、他の会社と比較できないような言葉を並べ、かつ検討する時間を与えないように相手に契約を迫ります。

契約後は、実際に工事部の担当者が訪問し外壁塗装を行いますが、この時の工事を担当する職人は、技術力や経験の乏しい職人が派遣されることが多いですが、形式上は外壁塗装工事が行われます。

外壁塗装を依頼した側は、塗料の違いや職人の腕を見極める力がありませんから、親切にしてもらえたと思いこみ、騙されている感覚がありません。購入した顧客リストは、業者の仲間同士で共有され、新しい商品が開発されたり、違う商材が出て来たりするたびにアプローチの対象になります。これを繰り返しながら商売を続けているのが、悪徳業者なのです。

このような業者の中には、いかにも悪徳なやり方を貫いているところもありますが、中には一応事務所があり、きちんとしたリフォーム会社であるかのように見せている業者もあります。その場合は、顧客からのクレームやクーリングオフなどを気にする傾向があるため、よりバレにくい方法で販売アプローチを仕掛けてきます。一見すると、ごく普通のリフォーム会社に見えても、実態は成分が他社製品とほとんど変わらない塗料をOEMで製造し、特別に開発したと言って、不当に高いお金を請求するような業者かもしれませんから、注意しておかないとわかりません。

彼らはリフォームでボロ儲けするためにありとあらゆるところに顧客を騙す仕掛けを用意しています。

見積りをごまかしたり、わざと修理を発生させたり、様々な歌い文句で高額な商品を買わせたり、頼んでいない工事を勝手にしたり……。信じられない事実がまかり通る世界なのです。

◆悪徳リフォーム業はオイシイ仕事

悪徳リフォーム業者の実態がわかってくると、この仕事に携わる人たちはどんな人たちか気になってきませんか。次にここでは、悪徳リフォーム業者で働いている人たちがどんな人たちかを紹介することにします。

これまで本書でお伝えしてきた内容からすると、どこから見ても悪人ぽい人がやっているのだろうと想像するかもしれませんが、悪徳リフォーム業者として営業する人たちは、ごく普通の人たちです。学生アルバイトもいますし、普通に就職や転職してくる人たちもいます。

当然ですが、彼らは決して自ら「悪徳リフォームに携わりたい」と言って悪徳業者の扉を叩くわけではありません。ごく普通の求職活動をしていたら、たまたま就職した会社が悪徳リフォームを斡旋する会社だったというだけなんです。

求人に掲載される時には、リフォームアドバイザーまたは下水管清掃スタッフ、排水管清掃作業員などといった職種名で募集されていますから、見破ることも難しいでしょう。その上、「簡単な営業のお仕事です」「設備点検のお仕事です」「ご近所の方にリフォームのアドバイスをする仕事です。先輩も同行するので安心です」などと、どこの会社でもありそうな求人広告文が書かれているので、普通の人なら区別ができません。さらに求人広告には、「マニュアルがあります」「成功報酬でガッツリ稼げます」「先輩が指導するので初心者でも大丈夫です」などと優しい言葉も並んでいますから、資格がなくてもしっかり稼げるという甘い言葉に引き寄せられてくる人が多いのです。

さて、実際の仕事はどうなるでしょうか。

本書のために過去に実際に悪徳リフォーム業で仕事をしていたという人にヒアリングを行ってみたところ、まず、お客さんを探す時には、アポイントという役割の人とクローザーという商談を決めに行く役割を担う人がいるのだそうです。アルバイトの多くはアポインターを担うのですが、1件アポを取ることができればしっかりと手厚い報酬が出ます。アポインターがアポを取ると、そのあとはクローザーが商談しに行くという流れになりますが、自分の取ったアポイントで成約が取れれば、アポインターにもキックバックがあるという仕組みになっています。

ちなみに報酬の目安は、1件成功するごとに数十万円が相場だそうです。仮に300万円の商材が売れたとすると、だいたい30万円ほどが報酬として入金されます。

仕事に長く携わっていれば、自分が悪徳リフォームに加担していることに気がつく人もいるかもしれませんが、一般的なアルバイトと比べるとはるかに高い報酬があるのは魅力的です。ですから、特に罪悪感もなく働き続ける人も中にはいるとのことでした。

◆もしも被害に遭ってしまったらどうするか？

本書では繰り返し悪徳リフォーム業者や訪問販売によるリフォーム工事などの危険性についてお伝えしていますが、万が一被害に遭った場合はどうすればいいでしょうか。

例えば訪問販売などでリフォーム業者と契約をした場合は、契約書面を受け取った日から原則8日間以内に書面または電子メール等で通告すれば契約解除（クーリング・オフ）ができます。8日以内に相手に契約解除の旨を連絡し、手続きを行ってください。ただ、業者側も当然あらかじめクーリングオフされることを視野に入れていますから、契約解除をごねたりして時間を稼ごうとします。書面でのやり取りを行った場合は「届いていない」などと嘘をつくことも考えられますから、配達記録付内容証明郵便を使用して証拠を残しておくと安心です。

どういう対応をしたらいいのかわからない場合や、契約したけれどおかしい気がするという場合は、一人で悩まず、消費者ホットライン１８８や住まいるダイヤルに相談しましょう。

SECTION 02

契約した会社が他の会社に仕事を回す建築業界の仕組み

◆大手と契約したのに、工事がいい加減なのはナゼ？

リフォーム業で儲けているのは悪徳業者だけではありません。

実は誰もが知る有名な大手リフォーム会社も、リフォームを請け負うことで大きな儲けを出していることがあります。

リフォームを真面目にやると大きな儲けは出ないとお伝えしましたから、ここで矛盾を感じた人もいると思います。「え、どういうこと？　ちゃんとした大手なのに、リフォームは手抜きをするの？」と、思われたかもしれません。

その答えをお伝えする前に、前提として建築業界の発注構造を知っていただく必要があります。もともと建築業は分業が基本。工事種別は水回りなどの設備、屋根などの瓦板金、外壁などの塗装業者、木工事の大工、床や壁紙などの内装工、基礎工事などの型枠大工など、常に多くの工種の人たちが協力しながら1つの現場を完成させています。

1つの会社で専門的な工事をすべてまかなうことは限りなく不可能で、無理にまかなおうとすると、多能工を活用しなければいけなくなり、専門性のある施工はできなくなってしまうという現実があります。そこで通常のリフォーム業者は、専門職の個人事業主をまとめて工種ごとに発注&管理を行う「分離発注」を行うのが一般的となっています。

ただ、問題はここからです。

分離発注を行うのが一般的であるのをいいことに、実質は工事から管理までを下請け業者に丸投げしてしまう大手業者がいるのです。下請けに丸投げだけならまだマシで、下請けがさらに下請けに丸投げ、その下請けがさらに下請けの業者に丸投げするようなこともザラにあります。そういう現場だと、最後に請けた会社が全部わりをくうことになってしまいます。このような体質の業界ですから、「儲からないのだから、適当な仕事でいいや」と手抜き工事をする人が出てきてしまうのです。

時折ニュースで「マンションの杭が規定本数足らず、傾いている」という手抜き工事に関する報道がされることがありますが、実はそのような手抜き工事の根本的な原因は、契約だけをとってきて下請け業者に丸投げする会社の姿勢が原因だったりするのです。大手のリフォーム会社は、下請けを安く買い叩き、マージンを多くとることで儲けています。マージンをとってもいいですが、お客様に請求するリフォーム代金をその分値上げしてくれれば問題ありません。しかし、当然そんなことを行うわけがありません。圧迫されるのは、常に下請けとなった職人や工事会社なのです。

マージンをたくさん取られることで優秀な職人を雇用できなくなった下請けの工事会社はどうするでしょうか。安く工事をしてくれる、技術力のない適当な仕事をする職人に依頼するしか生き残る道がありません。

◆不動産系のリフォーム会社は、工事の質が悪い

前項では、リフォームで儲けているのは悪徳業者だけでなく、大手リフォーム会社も業界構造をうまく利用して儲けているとお話しました。大手リフォーム会社に依頼しても、実際の工

事を行うのは別の下請け会社であることがほとんど。下請けとなる工事業者の多くが、きちんと仕事をしてくれない業者だと知ると、大手のブランドがあるからといって安心できるわけではないとおわかりいただけると思います。

でも、まだまだこれだけではありません。他にも危険な香りがするリフォーム会社があるからです。リフォームの質が信用できないリフォーム会社として挙げておきたいのは、不動産系のリフォーム会社と、電気屋さんやスーパーやホームセンターが行う異業種参入型のリフォーム店です。

不動産系のリフォーム会社は、不動産仲介を主な事業としており、リフォーム業にも進出した会社を指します。不動産系リフォーム会社の大きな特徴は、アパートやマンションの賃貸リフォームと同様の感覚で現場の仕事を行う傾向があることです。例えば賃貸マンションの場合は、入居者が退去するタイミングで、新しい壁紙に張り替えるなどして、次の入居者が心地よく入居できるような準備をします。その際に建具等に不具合があれば簡単な修繕もあります。こういった簡単な経験をもとにしてリフォーム業ができるのではないかと参入してくる会社もあります。当然ですが、賃貸マンションの修繕技術・ノウハウだけでは、戸建て住宅やマンションのリフォームは行うことができません。そもそも集合住宅と戸建て住宅は全く別物ですし、経年劣化する箇所も痛み具合も全く違います。主に集合住宅の仲介をしている場合ですと、職人さんとのつながりもあまりありません。現場を監督する知識もないので、どのような職人さんを手配すればいいのかがわからず、多能工と呼ばれる何でも屋さん的な職人に仕事を依頼しているケースもよく見受けられます。

襖の張り替えや壁紙の張り替えといった比較的簡単な作業であれば専門の職人でなくても完遂できますが、水回りや電気関係の工事には不安が残ります。

もう一つ、異業種参入系のリフォーム会社も注意したほうがいいでしょう。異業種参入系のリフォーム会社というのは、例えばホームセンターやスーパーなど生活に関わるサービスを行っているところがリフォーム業に参入するようなケースです。

異業種参入系のリフォーム会社が不動産系リフォーム会社と違うのは、不動産系会社よりもさらに知識が乏しくリフォームに関するノウハウを持っていないところです。

つまり、言い方を悪くすれば、不動産系リフォーム会社よりもアブナイかもしれないということです。

知識やノウハウ、職人とのつながりを持っていない異業種参入型リフォーム会社のやり方には、ある傾向があります。それは、リフォームの仕事を取り、その仕事を下請け会社に丸投げするという大手リフォーム会社と同じようなやり方をするところです。

大手リフォーム会社の丸投げの姿勢も問題だとは思いますが、異業種参入系の場合は、建築や土木に関する知識が経験やノウハウがまったくない中での事業展開となりますから、施主とのトラブルも多いようです。後述しますが、工事だけでなく見積りの仕方もいい加減なことが多く、私たちのところにもよく相談があります。

ここだけの話ですが、建築・リフォーム業界の中ではスーパーやホームセンターからの仕事ばかりを請けている業者や職人は、技術や態度がよくないため取引は避けたほうがいいという暗黙の了解があります。

安くリフォーム工事が提供できるということは、職人に支払う費用も少なくなります。当然、技術力があって真面目に仕事を行う職人たちは、わざわざ安い仕事を行う理由がありません。ですから必然的に、安い金額でないと仕事がない職人が施工を行うことになるというわけです。

依頼する側としては、安く工事が行えればいいと思いますが、安さにはそれなりに理由があるということです。

SECTION 03
リフォーム業者の常識は世間一般の非常識

◆こんなのアリ!? どんぶり勘定なリフォーム見積り

見積り書とは、商品やサービスの金額や量、期間、工程を概算し、おおよその金額が提示されている書類のことを指します。仕事を発注する際は、見積りで提示された金額に納得してから正式に発注するという流れが一般的です。見積り書に記載されている数字はあくまで概算ですから、請求時の金額と異なる可能性もありますが、見積り書と請求書の金額が大幅に異なると信用を失いかねないため、見積り金額と請求金額はほとんど変わらないように提示するのが常識です。

しかし、リフォーム業界は違います。

住宅リフォームの見積りこそ、高額なのだから綿密に計算されているはずだと思いたいところですが、実際に提示される見積りはどんぶり勘定のものがほとんどです。見積りを作成する担当者の「このくらいの費用を取っておけば、大体（工事は）おさめられるだろう」といわんばかりのざっくりとしたものばかりなのが実情です。

残念なことに小さなリフォーム会社だけでなく、大手のリフォーム会社ですら、料金の提示の仕方はアバウトなのです。大手リフォーム会社がよくやりがちなリフォームパックを例にとると、「リビング丸ごとリフォームプラン」といったネーミングがつけられたパックプランは、かなり大雑把な料金体系になっています。リフォームパックの料金表を見ると、リビングのリフォームが70万円～と書いてあったりしますが、その内訳はフローリングの張替えや壁紙の張り替えといった最低限の工事だけしか含まれておらず、書かれているような金額ではとてもリフォーム工事などできないのが現実なのです。

私たちはつい、大きな買い物なのだから相手も当然しっかり見積りを作ってくれるだろうと思ってしまいますが、残念ながらそれは大きな勘違いです。一般的な感覚でリフォームの見積りに記載されている金額を判断してしまうと、後から様々な項目が追加され、最終的に割高になってしまう恐れがあります。

本当にしっかり見積り書を出してくれる業者は、実際のところそれほど多くありません。特に一括見積りサイトなどで見積りを申し込み、メールや郵送で送られてくるような見積り書は要注意。他社と比較されることを前提に、安い見積り金額を提示して、後から金額を追加することが想定されている見積りが多いので、概算金額だけを比較するのは大変危険なのです。

複数の会社から送られてきた見積りを片手に、「こっちの業者さんの方が安いよね！」と思って発注すると、必要な工事が見積りには含まれておらず、工事費用が別途請求されることになります。わざと最初から項目が差し引かれた見積りだったら、金額が安いのも納得というわけです。

百聞は一見にしかず。実際のリフォーム会社が提示する見積りがどこまでアバウトなのか。その実態を確認していきましょう。

次のページの図9は、同じリフォーム内容で作成した見積り書ですが、1つは他社のもので、もう1つはケアフルリフォームのものです。この2つの見積り書を見比べていただくと、とても同じ工事の内容とは思えないと思います。

図9の左側の見積りを見ると、本来必要な工事に関する項目が全く記載されておらず、一部

図9：同じリフォーム内容でも、こんなに違う

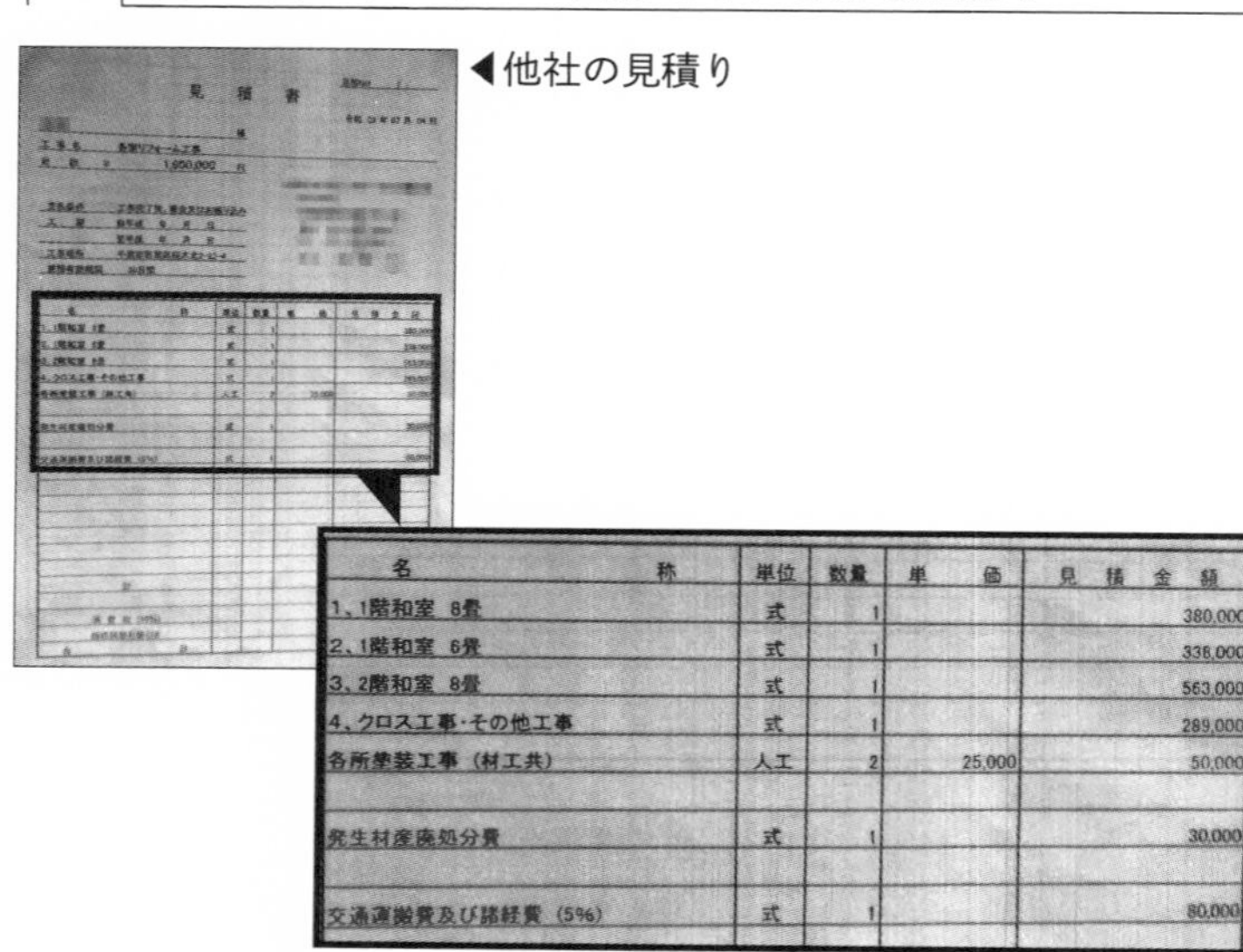

◀他社の見積り

名称	単位	数量	単価	見積金額
1、1階和室 8畳	式	1		380,000
2、1階和室 6畳	式	1		338,000
3、2階和室 8畳	式	1		563,000
4、クロス工事・その他工事	式	1		289,000
各所塗装工事（材工共）	人工	2	25,000	50,000
発生材産廃処分費	式	1		30,000
交通運搬費及び諸経費（5%）	式	1		80,000

◀ケアフルリフォームの見積り

No.	名称	仕様	数量	呼称	単価	金額	備考
①	1階 和室8帖	＊詳細は内訳明細書を御参照下さ	1.0	式	232,200	232,200	
②	1階 和室6帖	〃	1.0	式	129,300	129,300	
③	ダイニング	〃	1.0	式	27,000	27,000	
④	キッチン	〃	1.0	式	25,500	25,500	
⑤	1、2階 玄関・ホール・階段室	〃	1.0	式	126,000	126,000	
⑥	2階 和室8帖・広縁	〃	1.0	式	198,200	198,200	
⑦	クリーニング工事・消臭処理施工	〃	1.0	式	157,900	157,900	
⑧	床下防除工事	〃	1.0	式	142,500	142,500	
⑨							
⑩							
⑪							
⑫	現場管理費		1.0	式	21,600	21,600	
⑬	廃材処分費		1.0	式	39,800	39,800	
⑭	諸経費	資材搬入・養生・消耗材	1.0	式	68,600	68,600	
	小計					1,168,600	
	お値引き					-77,690	

の部材のみしか記載されていません。ただ、工事に関する費用も一部は記載されているので、受け取った側はこの見積りで工事ができるものだと勘違いしてしまいます。

このような見積りをもらったところで、そもそも正しい判断ができるわけはありません。それに、素人は工事の内容まで正確に把握できるわけではありませんから、不足している項目を見破ることもできません。

仮に後からこの見積りがいい加減だったことを取り上げ係争しようとしても、業者に勝つことはできないのです。理由は、見積りの下に小さく書いてある「現場の状況に応じて、追加工事が発生することもあります」という一文の存在です。

このようないい加減な見積りを出しても自分たちが訴えられても大丈夫と思っているのでしょう。大丈夫だとわかっているからこそ、業者は強気です。「見積りに書いてないだけで、必要な工事を行った分を請求するのは当然でしょ」と平気で口にする人もいるほどです。

リフォーム業界だけでなく、建築業界でも大雑把な見積りは横行していますが、特にリフォーム業界のいい加減さは際立っています。ですから、まず提示された見積りを信用してはいけません。相手が誰であっても、見積りは細かいところまでしっかり確認しないと、どんぶり勘定に巻き込まれ、余分な費用を支払うことになりかねません。

後から想定していない費用を請求されるほうはたまったものではありませんが、「見積りに書いていないものもあるって書いてあるから、後から費用が上乗せされるのは当然でしょう」という感覚の業者は大勢います。

ですから、見積りをもらったらしっかりと説明を受けるのは当然で、見やすい見積りでないと信用してはダメなのです。他の業界ならあり得ないかもしれませんが、建築業界やリフォーム業界は、むしろこれがスタンダードだと思っておいたほうがいいでしょう。

◆大手だから、地元だからと安心できません！

プロから見積りをもらうと、プロが作った見積りだから大丈夫と思いがちです。でもそれが失敗する大きな理由です。プロ相手がプロだからと言って信用するのではなくて、分からないことは細かいことでもしっかり聞くという姿勢を持たない限り、有耶無耶にされてしまいます。

これは、大手だからとか地元の業者だからといったことは関係ありません。会社の規模や大きさに関係なく、見積りは細かいところまで確認し、丁寧に説明してもらうことが必須です。

ただ、中には見積りに関して施主側があれこれと口を出すことをよしとしない業者もいます。地元密着型の工務店やリフォーム業者に多い傾向ですが、「俺のいうことが聞けないなら、工事しない」と親方が怒ってしまうのです。かつては、大工さんの言うことが絶対という風潮があり、施主側は黙って大工さんや業者の言うことに従う、提示された金額に文句をつけずに大人しく支払うというのが業界のスタンダードだった時代もあります。ですから、大工さんや業者側だけでなく、施主側もその時代の風潮から未だに抜け出せていない人がいますが、はっきり言って悪習なので気にする必要はありません。

どうしてもその業者に依頼しなければならない特別な理由があれば話は別ですが、そうでない限りは業者を変えたほうがいいと思います。施主側から見積りに関して突っ込まれて怒り出したり、面倒臭そうに対応したりする業者は信用しないくらいの感覚でいると、安心です。

施主側の姿勢としても、業者を何度も呼ぶことを面倒くさがるのはおすすめできません。業者を何件もあたるのを嫌がり、ネットで取り寄せた「概算見積り」だけで比較しようとする人もいますが、もってのほかです。リフォームをするのに、余分な費用を支払うことになったり、手抜き工事をされたりしても何も文句はないという人以外は、必ず現地調査を受けたうえで、見積りを作成してもらい、提示された見積りに対して丁寧に説明を受けてください。こちらが細かいところまで聞くことを嫌そうにしたり、「信用できないのか」と怒ってくるような人あるいは「任せてくれればいいから」と調子のいいことを言ってやり過ごそうとする人には気をつけてください。

SECTION 04 「無料診断します」という悪徳リフォーム業者の手口

◆突然の無料点検、何があっても屋根には上げるな!

突然訪問して無料点検を勧められる場合は、まず怪しい業者だと考えてもいいほど無料点検を行う業者は危険です。特に戸建住宅の場合で、近所に外壁塗装を行っている家があったり工事中の家があったりする時は要注意のタイミングです。

本書では再三お伝えしてきていますが、無料で点検すると言って屋根に登り、自分たちで屋根の一部を壊してしまうという手口が横行しているからです。業者の営業マンたちは、近くで工事している業者を装って各家庭を訪問します。「今そこで工事している者ですが」と言われてしまうと、事実かどうかをすぐに確認することができません。うっかり信じてしまう人が多いので、いつまで経っても無くならない手口の一つです。

また、1章で紹介したように災害時だけを狙う業者もいます。図10のチラシにあるように、自然災害による被害を受けた地域を周り、災害に便乗して不必要な修理を契約させたり、商品を購入させたりする業者もいます。業者側は保険適用をチラつかせるなどして、巧みな話術で住民を騙し、契約させようとしてきますから、まずは「他人を屋根に上げない」ということだけでもしっかり頭に入れておくと被害防止に繋がります。

もしも本当に災害に遭った場合は、あわてずに複数の業者から見積りを取り、契約前に保険会社に連絡をしておくと安心です。

図10：被災地を循環する悪徳業者の存在がいるので注意

◆行政の委託業者を装った点検商法もある

先ほどの点検商法の他にも、不必要なメンテナンスを勧めてくる業者もいます。

次の図11にあるようなチラシは、住宅街にある家のポストに投函されていたチラシです。この質素なチラシ、いかにも行政から委託されている業者かのようなテイストのチラシですが、よく見るとツッコミどころ満載です。

このチラシを見ると、通常価格の10分の1程度の価格で洗浄してもらえるため、破格なサービスのように思えますが、このチラシを見て問い合わせると、「故障しているところがある」「修理が必要だ」などと言われ、チラシに掲載さ

図11：こんなチラシがポストに入っていたら、勘違いしてしまう

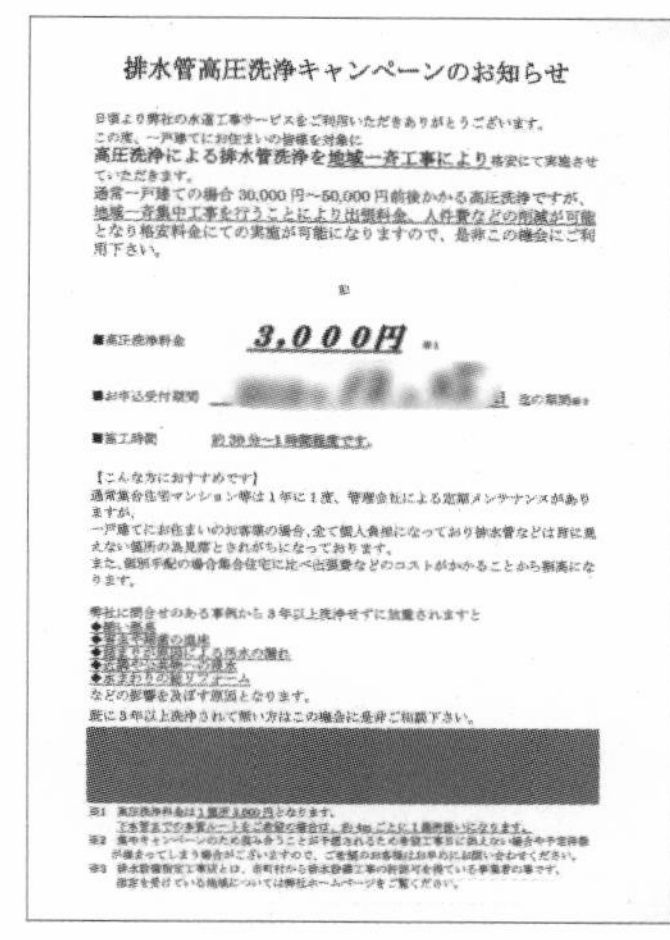

排水管高圧洗浄キャンペーンのお知らせ

日頃より弊社の水道工事サービスをご利用いただきありがとうございます。
この度、一戸建てにお住まいの皆様を対象に
高圧洗浄による排水管洗浄を地域一斉工事により格安にて実施させていただきます。
通常一戸建ての場合30,000円～50,000円前後かかる高圧洗浄ですが、地域一斉集中工事を行うことにより出張料金、人件費などの削減が可能となり格安料金にての実施が可能になりますので、是非この機会にご利用下さい。

記

■高圧洗浄料金　3,000円 ※1

■お申込受付期間　[illegible]日 迄の期間※2

■施工時間　約30分～1時間程度です。

【こんな方におすすめです】
通常集合住宅マンション等は1年に1度、管理会社による定期メンテナンスがありますが、
一戸建てにお住まいのお客様の場合、全て個人負担になっており排水管などは特に見えない箇所の為見落とされがちになっております。
また、個別手配の場合集合住宅に比べ出張費などのコストがかかることから割高になります。

弊社に問合せのある事例から3年以上洗浄せずに放置されますと
◆[illegible]
◆[illegible]
◆[illegible]
◆[illegible]
◆[illegible]
などの影響を及ぼす原因となります。
既に3年以上洗浄されて無い方はこの機会に是非ご相談下さい。

※1 [illegible]
※2 [illegible]
※3 [illegible]

れている金額よりもかなり高い修理代を請求されるような展開になってしまいます。

◆実際にあった悪徳業者とのトラブル事例

被害に遭ったことに気づかせない巧みな話術と手口で、次々と人を騙していくリフォームの悪徳業者たち。彼らは実際に工事も行いますが、その工事内容はいい加減そのもの。粗悪な塗料が使われていたり、施工の手順ややり方がいい加減だったりと、なんちゃって工事が多いのです。本書では、そんな彼らの手口についてすでにお伝えしてきましたが、ここでも改めてトラブル事例に触れておきましょう。これからご紹介するのは、消費者センターへ寄せられたトラブル事例です。

ちなみに、実際に工事が始まってしまってからでも、8日以内であればクーリング・オフが適用されます。簡単な工事であれば、工事期間が数時間~半日で終わるものもありますから、契約から8日以内に工事が完了することもあるでしょう。

このような場合は、業者がすべての費用を負担して、契約前の状態に戻さなければならないとされています。

ただし、自分から施工業者に申し込んだ場合や営業所で直接契約した場合、8日の期限を過ぎてからの通知に関してはクーリング・オフが適用されないので注意してください。

【悪徳業者との外壁塗装におけるトラブル事例】

Aさんは、自宅に訪問販売で訪れた業者から「屋根と壁がだいぶ傷んでいる」と塗装工事を提案されました。そこで見積りを依頼すると、数日して業者から見積り（外壁6種類、屋根3種類分）が届きました。

業者は、見積りに記載されているαという塗料は、断熱・保温・遮音・遮熱・防音・結露防止・空気質改善効果に優れ、光熱費削減が期待できると説明した上で、自社でも塗装実績があるとAさんに伝えました。

Aさんは見積りと説明事項を聞いた上で壁の塗装工事を依頼。見積り書を見ながら、工事完了・確認書及び契約書に必要事項を記入し、業者と契約をしました。契約金額は、420万円でした。

工事着工後、数日後には契約どおり120万円（代金の一部）を業者に支払ったAさんですが、業者が行う作業を見ていると、契約の内容とは異なる色の塗料で、かつ使用期限の過ぎた塗料が使用されていることが発覚。慌ててAさんは工事の中止を求め、クーリング・オフを行ったという事例です。

この事例では、契約した色と異なる塗料（しかも使用期限が切れたもの）を使われたということでしたが、事例の詳細を見ていくと、契約時に想定していたよりも塗料の吸い込みがよく、量が不足してしまったことから、もともと在庫として抱えていた似た色の塗料を勝手に使用したという内容でした。

指定した色と違う色を勝手に塗られ、しかもその塗料の使用期限が切れているとなっては、依頼主であるAさんもたまったものではありません。この事例の場合は、工事期間中にAさんがしっかりと業者が行う工事を見ていたおかげでわかったことですが、もしもAさんが「職人さんにお任せ」というタイプの人だったら、いい加減な塗装工事を行われても気が付かなかった可能性があります。

ただ、訪問販売で訪れるリフォーム業者の工事は、だいたいこんなものです。そもそもきちんと仕事をしてくれる技術と経験のある職人を雇っていないことが多いのですから、仮に工事のやり直しを求めても無理というものです。したがって、結論から言うと、訪問販売で訪れた会社とのリフォーム契約は絶対にしない。くどいようですが、これが鉄則です。

SECTION 05

お客が知らない業者の利益隠しのテクニック教えます

◆設備費用を安く見せて、工事費用でボロ儲け

少し昔にさかのぼると、リフォーム業界の見積りは相変わらず当時からいい加減なものでしたが、それでも見積りを見れば割高かどうかを判断できるものが多かったように思います。

しかし最近では、複雑かつ巧妙に作成された見積り書が増えて来ておりリフォームの専門家が見ても、簡単に割高かどうかを判別することが困難になってきています。

要するに、それだけ業者側が賢くなったということでしょう。契約を取りやすくするために見積りの価格を下げてアピールするという方法はいいのですが、契約後により多くのお金を請求できるように試行錯誤をしているのでしょう。できればその労力をリフォームの質の向上に繋げて欲しいものですが、そうならないのが悲しいところです。

さて、見積りを安くして後から費用を請求する方法として、具体的にどのようなことが行われているのでしょうか。やり方はいろいろありますが、ここでは代表的な方法として【設備費用の割引で気を引かせて、工事費用で儲ける】というテクニックを紹介していきます。まずは下の見積り（図12）を見てください。

図12の見積りは、説明のため本書用に作成したものですが、この見積りをよく見ると、キッチンなどの設備が見積りに含まれていることはわかりますが、工事内容に関する項目がいい加減です。素人では普通見抜けないところですが、不足している工事がいくつかあるのです。これは、後から費用を請求しやすくするためにあえ

図12：設備費用を安く見せ、工事費用で儲けるための見積り（見本）

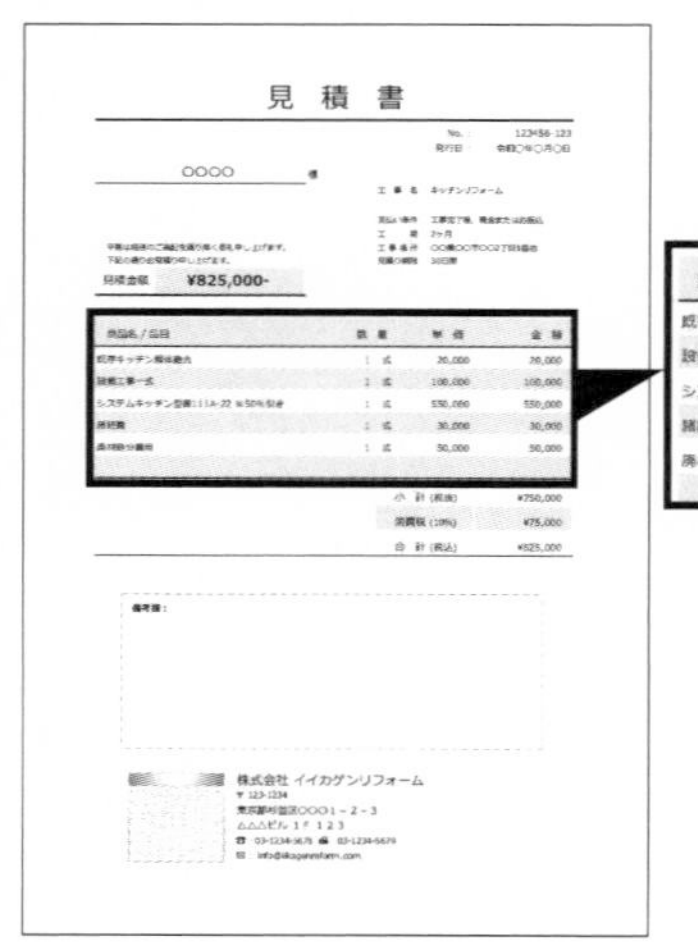

見積書

〇〇〇〇 様

見積金額 ¥825,000-

小計（税抜） ¥750,000
消費税（10%） ¥75,000
合計（税込） ¥825,000

株式会社 イイカゲンリフォーム

本当はもっと工事項目があるはず！

商品名／品目	数量	単価	金額
既存キッチン解体撤去	1 式	20,000	20,000
設備工事一式	1 式	100,000	100,000
システムキッチン型番111A-22 ※50%引き	1 式	550,000	550,000
諸経費	1 式	30,000	30,000
廃材処分費用	1 式	50,000	50,000

てわかりにくく作られた見積りの典型例。工事にあらかじめ不足を作っておき、後から「この工事が追加で必要です」と言いやすくするための見積りです。

工事内容をわかりにくくしたら、次に行うのはキッチンや洗面台、浴室などの設備費用を大幅に値下げしていきます。

例えばキッチンのリフォームを考えている人なら、その人にとって見積りの中で最も気になるのは、システムキッチンの費用です。有名メーカーのシステムキッチンの価格は決して安くありませんから、どうしても「システムキッチンはいくらなのか？」と、設備の金額だけに注目してしまいます。

業者側はそんな施主側の心理をつき、「うちはシステムキッチンの商品代金を大幅に値引きできますよ」「メーカーと提携しているので、特別に割引できます」などと言って、設備費用をあえて大幅に値下げします。そうすることで、客の心を惹きつけ契約を取り付けるのです。さて、では設備費用を大幅に値下げした分はどうやって回収するでしょうか。ここで出てくるのが、先ほどあらかじめ適当に不足を作っておいた工事費用です。実際に契約して工事が始まってから少しずつ「この部分の工事が必要そうです」と言って追加工事を繰り返し、不足の工事費用と設備費用の値下げ分を回収していくのです。

施主側にとってみれば、職人から工事ができないと言われてしまえば、従うしかありません。工事ができないということは、リフォームが進まないということですから、反対することはできないでしょう。それに、実際に工事が始まってしまうと、ようやくリフォームが始まったと安心するのか、「お任せします」「お願いします」と、費用面に関心が向かなくなりがちです。

このように、最初から工事費用に不足を作っておき、後からいくらでも好きなように吊り上げられるようにしておくのが、リフォーム工事における代表的な利益隠しのテクニックです。

図13：後から費用が追加されるので、わかりにくい

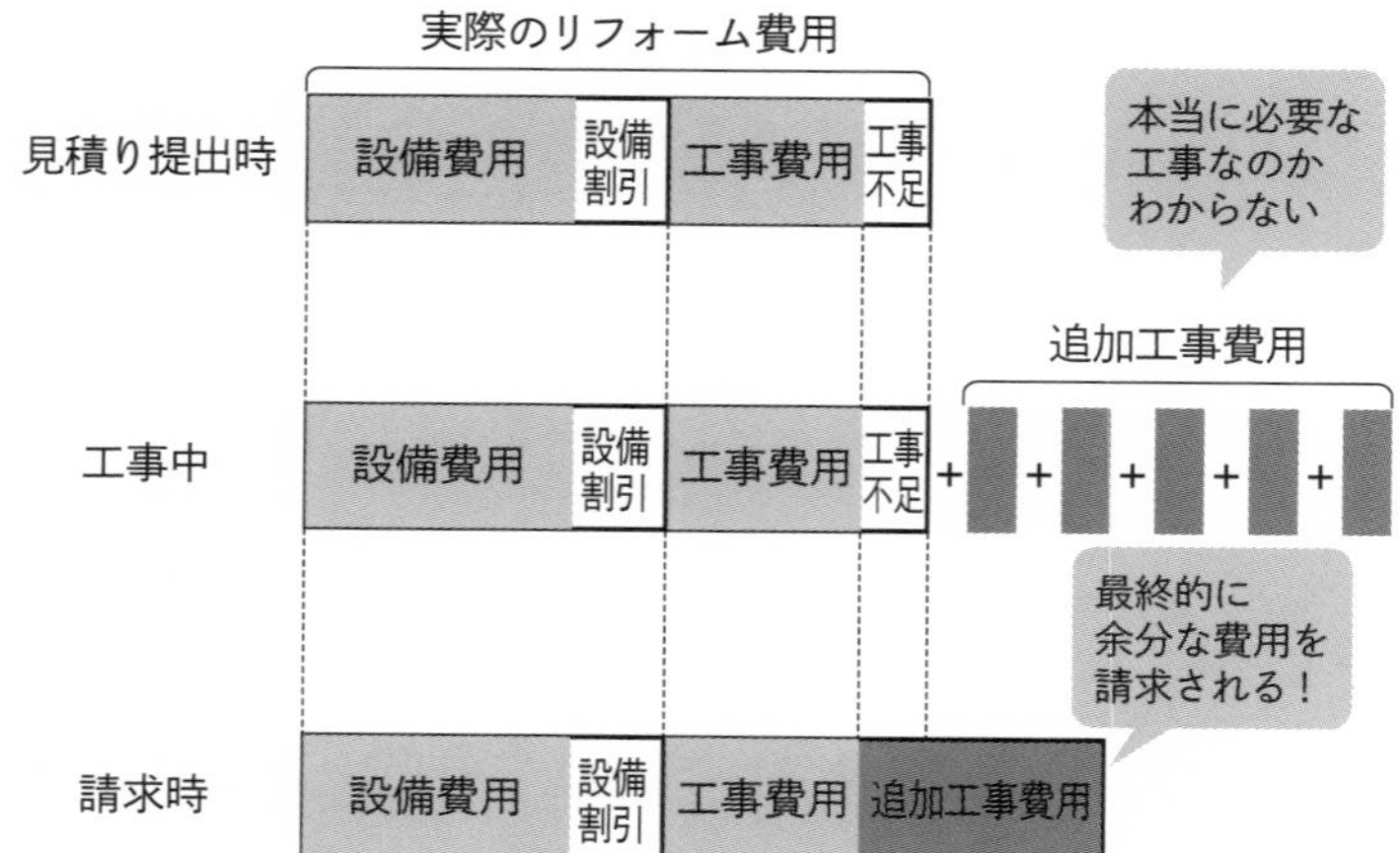

◆何の費用かわからない！　諸経費って何のため？

もう一つ利益隠しのテクニックをご紹介しておきましょう。次に紹介するのは、諸経費を高くして利益を出すというやり方です。これまでいくつかの見積りを見ていただきましたが、その中に「諸経費」と書かれた項目があったのを覚えていますか。諸経費とは、交通費や駐車場代など商品代金や工事費用に含まれない費用のことを諸経費として扱うのが一般的ですが、この費用が不当に高い業者がいます。

諸経費自体はどのリフォーム業者も記載があると思いますので、存在してもおかしくない項目ですが、大事なのはその割合です。諸経費は、見積りの約8％が標準的ですが、中には20％も諸経費を請求するところもあります。専門家である私から見ても諸経費の20％は、一体何に使われているのか不明ですし、明らかに取りすぎです。でも、こんなことは日常茶飯事。あらゆるところで、少しずつ費用を上乗せするので気づきにくいものの、トータルすると驚くような金額になっているのが、現在のリフォーム業界の見積りの現実なのです。

CHAPTER 03

リフォーム業者が出す見積り金額と原価の秘密

SECTION 01

失敗しないリフォームをするために知っておくべき値段のこと

◆業者の言いなりになるほど、高くなるリフォーム代

ここまで、悪徳リフォーム業者の手口やリフォーム業界の実態についてお伝えしてきました。悪徳リフォーム業者を信用しないのはもちろんのこと、誰もが知っているような大手リフォーム会社のことも、安易に信じてはいけないことがおわかりいただけたかと思います。

次にこの章では、実際に存在するさまざまな業者から出された見積り書を比較しながら、業者が提示する見積り金額の実情を紹介します。ここで見積りに隠されたカラクリを知り、我が家のリフォームの見積りが適正な見積りかどうかを見極める力をつけていきましょう。

本書で繰り返しお伝えしているように、建築業界の見積りは他では考えられないほど「いい加減」なものが多いです。その理由は、現場に行かなければ実際の工事内容が正確に把握できず、追加工事が発生することが当たり前という建築現場特有の理由があるからです。

実際に私たちの会社で施工する現場でも、見積り時には想定しなかったことが発覚し、追加工事を行うことがあります。また、施主の希望により変更が生じて追加工事になることもしばしばです。ですから、見積りと実際の請求額が同じでないことは、よくあることだと言わざるを得ません。しかし、この差があまりにも大きい場合には、やはりどこかがおかしいと疑っていいでしょう。

業者は、施主が素人であるのをいいことに、あたかも業界の常識であるかのような口ぶりで追加工事を請求したり、見積り書を複雑にし、費用の妥当性をわかりにくくしたりすることも少なくありません。業者の言いなりになればなるほど「何もわからない施主」と思われ、高いリフォームを勧められてしまうこともあるのです。

業者からそのような扱いを受けないためには、やはり施主側であるあなた自身が、リフォーム業界のことを知り、無駄に費用が高くなっていないかどうかを見極める必要があります。

◆大手リフォーム会社の見積りは、販促費用まで含まれている！

誰もが知っているような大手リフォーム会社はしっかり対応してもらえるような印象がありますが、そうとも言い切れないのが実情です。大手リフォーム会社の場合、すでにお伝えしたように、実際に施工するのは下請け業者（場合によっては孫請け業者）になることがほとんど。ですから、営業担当者は現場のことをよく知らず、とにかく少しでも高く契約してもらえるように、いい話ばかりを伝えてきます。

そんな大手リフォーム会社が提示してくる見積りは、やはり中間マージンをとっていることもあり、非常に高額です。それだけでなく大手リフォームは会社の販促費用や人件費、会社の家賃代などもリフォーム費用の中に含まれることになるため、私たちのようなリフォーム会社が提示する費用に比べて随分価格が高くなっています。

会社の販促費用まで負担するのかと思うと、なんだかもったいない気がしますよね。でもこれが、大手リフォーム会社のリフォーム金額が高額になる大きな要因なのです。

◆飛び込み営業や訪問販売のリフォーム費用は問題外

リフォーム業者は、資格をもたず工事も適当に済ませてしまうような業者もいれば、誠実にしっかりと仕事をしてくれるきちんとした業者までさまざまだと言いました。中でも特に関わりたくないのは、飛び込み営業や訪問販売を営業主体とする悪徳リフォーム業者です。彼らは、1章や2章でも紹介したような手口で、品質のよくないものを高く売ったり、不要な工事を契約させたりして高額を請求してきます。

最初はお得感を出していたにも関わらず、後々請求された金額をみると高額になっていたというトラブルは全国で発生しています。彼らは、値段の付け方が本当にいい加減です。通常ならそんなに費用がかからない工事でも、独自の技術であることを謳って価格を釣り上げてくるのが王道なのです。とにかく、リフォームに関して言うなら、価格云々の前に、飛び込み営業や訪問販売で勧められるリフォームは、基本すべて断るのが正解だと思ってもいいのではないかと思います。

SECTION
02

街にあふれるリフォーム店、実は値段と質がこんなに違う

◆同じ内容でもここまで違う！　３つの見積り徹底比較

さて、ここからはいよいよ実際の見積りを比較しながら、身近な街のリフォーム店の見積りのずさんさを暴いていきましょう。ちなみに、リフォーム店と言っても、街の電気屋さんが行なっているリフォームや介護のリフォーム、不動産屋など異業種のリフォーム業者なども非常にたくさんありますが、今回は不動産業者のお抱え業者さんが出しているリフォームの見積りと、住宅街に店舗を構えている中堅リフォーム業者の見積り、そして私の会社であるケアフルリフォームの見積りを比較することにします。

図14見積りは、実際にお客様から見積りのご相談をいただいたものになります。しかし、この３つの見積りをよく見ると、３社とも見積りの概算金額が大幅に異なります。同じ内容のリ

フォームのはずなのに、ここまで違うとなると驚きですよね。一体どれを選べばいいのか、どの会社の見積りが適正なのか混乱してしまう人もいるでしょう。しかし、これが現実です。あなたが実際に自宅のリフォームの見積りを依頼すると、これと同じようなことが起こる可能性が高いのです。

　リフォーム会社から送られてくる、会社ごとに大幅に異なるよくわからない見積りをどのように見極めたらいいのか。これから丁寧に説明していきます。

図14：3社の見積り概算金額の比

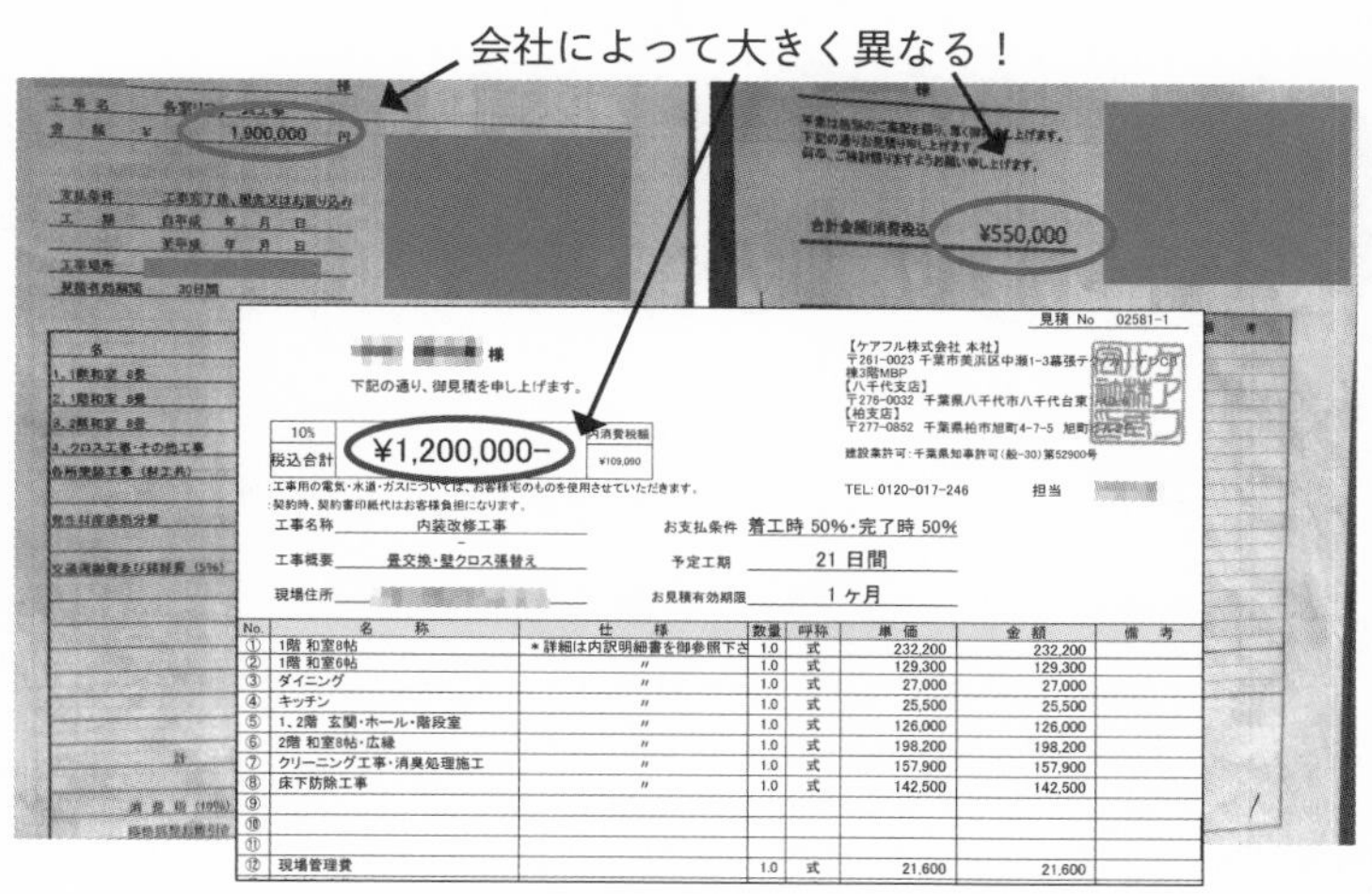

見積 No 02581-1

様

下記の通り、御見積を申し上げます。

【ケアフル株式会社 本社】
〒261-0023 千葉市美浜区中瀬1-3幕張テ
棟3階MBP
【八千代支店】
〒276-0032 千葉県八千代市八千代台東
【柏支店】
〒277-0852 千葉県柏市旭町4-7-5 旭町

建設業許可：千葉県知事許可（般-30）第52900号

10%		内消費税額
税込合計	¥1,200,000-	¥109,090

:工事用の電気・水道・ガスについては、お客様宅のものを使用させていただきます。
:契約時、契約書印紙代はお客様負担になります。

TEL: 0120-017-246　担当

工事名称　内装改修工事　お支払条件　着工時 50%・完了時 50%
工事概要　畳交換・壁クロス張替え　予定工期　21 日間
現場住所　お見積有効期限　1 ヶ月

No.	名称	仕様	数量	呼称	単価	金額	備考
①	1階 和室8帖	＊詳細は内訳明細書を御参照下さ	1.0	式	232,200	232,200	
②	1階 和室6帖	〃	1.0	式	129,300	129,300	
③	ダイニング	〃	1.0	式	27,000	27,000	
④	キッチン	〃	1.0	式	25,500	25,500	
⑤	1、2階 玄関・ホール・階段室	〃	1.0	式	126,000	126,000	
⑥	2階 和室8帖・広縁	〃	1.0	式	198,200	198,200	
⑦	クリーニング工事・消臭処理施工	〃	1.0	式	157,900	157,900	
⑧	床下防除工事	〃	1.0	式	142,500	142,500	
⑨							
⑩							
⑪							
⑫	現場管理費		1.0	式	21,600	21,600	

◆Tさん宅の見積りで必要な項目とは

それではまず、３社の見積りをそれぞれ細かく比較する前に、今回のケースで最低限必要な項目を把握しておきましょう。今回は、Tさんというお宅のリフォームです。リフォームの内容は洋室の壁紙張り替えと和室のふすま・畳の交換、シロアリ処理、そしてクリーニングです。見積りの項目として必要な項目は、次のようになります。

【Tさん宅の見積りに最低限必要な項目一覧】

（1）洋室
（2）和室
（3）シロアリ処理
（4）クリーニング

◆A社の場合

まずはA社の見積りです。

A社はリフォーム業者ですが、不動産業者からの仕事を中心にリフォームを行なっている業者です。A社の場合、3社の中で圧倒的に金額が安いことが印象的です。

しかし見積り項目をよくみると、内容がかなりアバウトな上に、廃材処理費は2回分計上されています。廃材処理費というのは、リフォーム工事で発生した古い畳などを処分するために必要な費用のことですから、この見積りのように2回も必要になることはありません。さらに詳しくみると、ふすまや畳、シロアリ等々の工事の費用が抜けています。要するに、一部の工事だけしか見積りの中に含まれていないため、実際に依頼した場合は、追加工事という名目でその他の工事費用が追加されるなどして、間違いなくこの見積りよりも高くなります。ただし、後から追加される工事費用がいくらになるかは、わかりません。別途見積りを出してもらえればいいですが、初回のこの見積りの内容ではリフォーム工事は到底できないことになります。仮にこれで契約してしまったら、別途高額な追加費用を取られてしまう恐れがあります。しかも、今回の依頼内容であるシロアリ処理とクリーニングの費用は一切含まれていませんし、謎のキ

図15：A社の見積り書

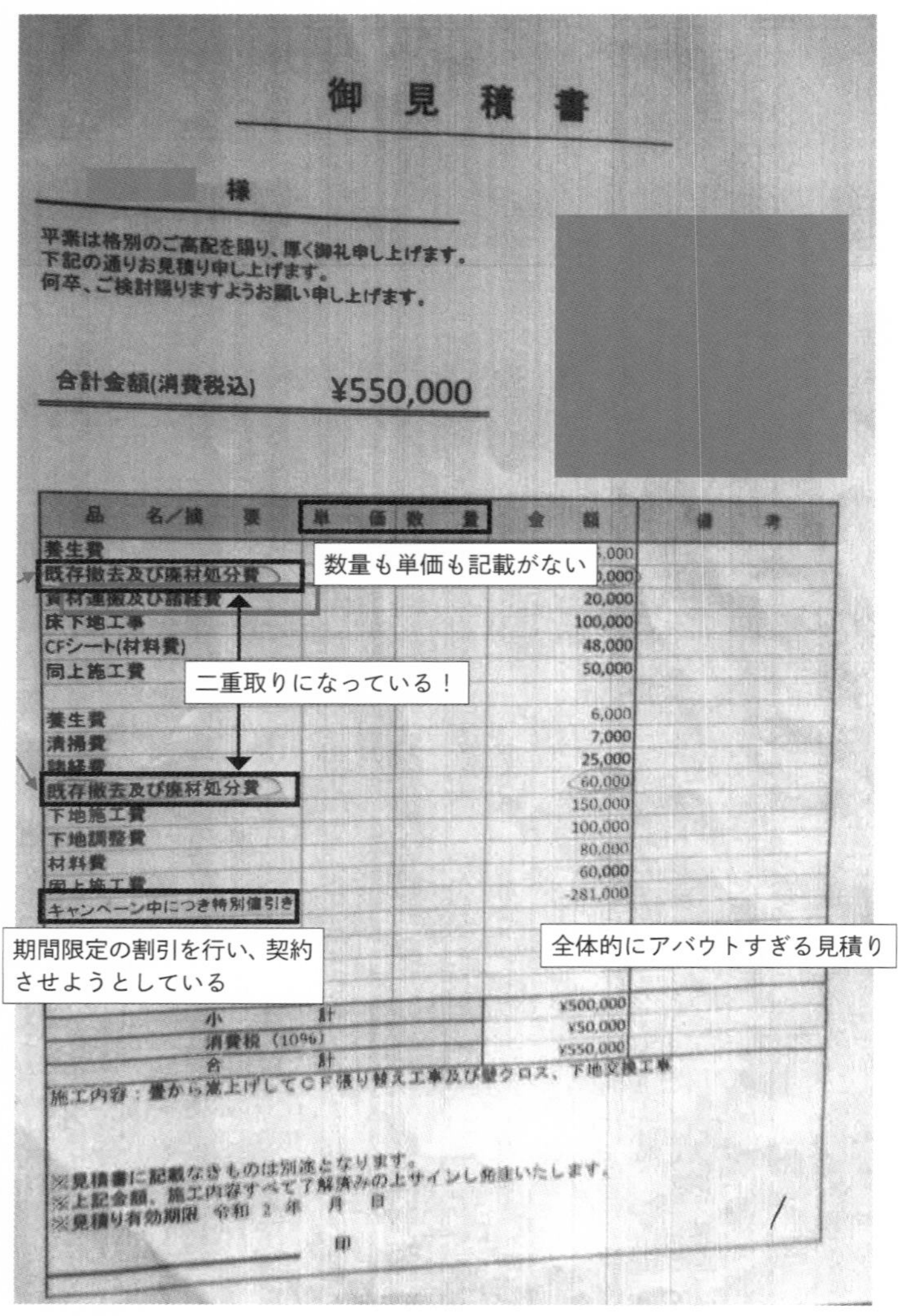

御見積書

様

平素は格別のご高配を賜り、厚く御礼申し上げます。
下記の通りお見積り申し上げます。
何卒、ご検討賜りますようお願い申し上げます。

合計金額(消費税込)　¥550,000

品名／摘要	単価	数量	金額	備考
養生費			[illegible],000	
既存撤去及び廃材処分費			[illegible]0,000	
資材運搬及び諸経費			20,000	
床下地工事			100,000	
CFシート(材料費)			48,000	
同上施工費			50,000	
養生費			6,000	
清掃費			7,000	
諸経費			25,000	
既存撤去及び廃材処分費			60,000	
下地施工費			150,000	
下地調整費			100,000	
材料費			80,000	
同上施工費			60,000	
キャンペーン中につき特別値引き			-281,000	
小計			¥500,000	
消費税（10%）			¥50,000	
合計			¥550,000	

施工内容：畳から嵩上げしてCF張り替え工事及び壁クロス、下地交換工事

※見積書に記載なきものは別途となります。
※上記金額、施工内容すべて了解済みの上サインし発注いたします。
※見積り有効期限　令和2年　月　日

印

ャンペーン割引が28万円もあります。

さらに見落としがちなのは、備考欄に記載されている「見積り書に記載なきものは別途となります」という一文です。一見とても安い見積りに見えますが、実際の請求はいくらになるか想像もつきません。

◆B社の場合

続いてB社の見積りです。B社の見積りは、A社の見積りと比べてかなり高くなっていますが、見積りの内容を確認してみると、どのような工事をやるのかが不明瞭です。例えば、壁紙貼り替えや畳の入れ替えがあるにも関わらず、壁紙や畳そのものの費用が含まれていません。とはいえ、見積りの項目を見ても必要な工事の全てが含まれているわけでもなさそうです。例えば1階和室8畳という項目は38万円と記載されていますが、その内訳は一切解らないようになっているのです。

このB社の見積りから推察できることは、どんぶり勘定で見積りが行われている可能性です。

さらには、リフォーム費用が高額な割に見積り項目の内訳が不明なことから、工事の全てを他

図16：B社の見積り書

見　積　書

見積NO　1

様

工事名　各室リフォーム工事

金額　¥　1,900,000　円

支払条件　工事完了後、現金又はお振り込み

工期　自平成　年　月　日

至平成　年　月　日

工事場所

見積有効期間　30日間

数量も単価の記載は、これではダメ

名称	単位	数量	単価	見積金額
1、1階和室　8畳	式	1		380,000
2、1階和室　6畳				338,000
3、2階和室　8畳				563,000
4、クロス工事・その他工事	式	1		289,000
各所塗装工事（材工共）	人工	2	25,000	50,000
発生材産廃処分費	式	1		30,000
交通運搬費及び諸経費（5%）	式	1		80,000
計				1,730,000
消費税（10%）				173,000
価格調整お値引き				-3,000
合計				1,900,000

各部屋の内訳がわからない上に、
工事内容に不足がある

の会社に丸投げしていて、マージンだけ抜いている可能性も考えられそうです。
また、こちらもA社と同様、シロアリ処理とクリーニングの費用が含まれていません。見積りの価格だけでなく、内容にもたくさん問題があることがわかります。

◆ケアフルリフォームの見積り

A社B社と同様の内容でケアフルリフォームが見積りを試算すると、図17のような金額になりました。金額的には120万円と3社の中間の金額となりました。ただ、他の2社と比較していただくと、ケアフルリフォームの見積りは項目が細かく記載されており内訳までしっかり把握することができます。例えば、1階和室のリフォームを取り上げてみると、1枚目はリフォームの全項目が記載されているので、内訳を確認するためには、別紙の明細書を確認します。別紙の明細書には、既存の畳撤去費用、新規畳交換費用、壁の塗り替え工事、ふすまの貼り替え作業などが含まれており、該当する部屋でどのようなリフォームが行われるのかが明確になっています。

3社の見積りを比較すると、各社ごとに見積りの出し方が大きく異なっていることがはっき

図17：ケアフルリフォームの見積り書

お見積書

ケアフルリフォーム

2020年6月26日

見積 No　02581-1

■■ ■■ 様

下記の通り、御見積を申し上げます。

10%	¥1,200,000–	内消費税額
税込合計		¥109,090

:工事用の電気・水道・ガスについては、お客様宅のものを使用させていただきます。
:契約時、契約書印紙代はお客様負担になります。

【ケアフル株式会社 本社】
〒261-0023 千葉市美浜区中瀬1-3幕張テク…CB棟3階MBP
【八千代支店】
〒276-0032　千葉県八千代市八千代台東…
【柏支店】
〒277-0852　千葉県柏市旭町4-7-5　旭町…
建設業許可：千葉県知事許可（般-30）第52900号

TEL: 0120-017-246　　担当　野仲智幸

工事名称　内装改修工事　　お支払条件　着工時 50%・完了時 50%

工事概要　畳交換・壁クロス張替え　　予定工期　21 日間

現場住所　　　お見積有効期限　1 ケ月

No.	名　称	仕　様	数量	呼称	単　価	金　額	備　考
①	1階 和室8帖	＊詳細は内訳明細書を御参照下さ	1.0	式	232,200	232,200	
②	1階 和室6帖	〃	1.0	式	129,300	129,300	
③	ダイニング	〃	1.0	式	27,000	27,000	
④	キッチン	〃	1.0	式	25,500	25,500	
⑤	1、2階　玄関・ホール・階段室	〃	1.0	式	126,000	126,000	
⑥	2階 和室8帖・広縁	〃	1.0	式	198,200	198,200	
⑦	クリーニング工事・消臭処理施工	〃	1.0	式	157,900	157,900	
⑧	床下防除工事	〃	1.0	式	142,500	142,500	
⑨							
⑩							
⑪							
⑫	現場管理費		1.0	式	21,600	21,600	
⑬	廃材処分費		1.0	式	39,800	39,800	
⑭	諸経費	資材搬入・養生・消耗材	1.0	式	68,600	68,600	
		小　計				1,168,600	
		お値引き				-77,690	

【 内訳明細書 1 】

見積No 02581-1

ケアフルリフォーム

No.	名　称	仕　様	数量	呼称	単　価	金　額	備　考
◆	1階 和室8帖				–	–	
1	既存 畳撤去処理		8.0	帖	3,500	28,000	
2	新規 畳交換		8.0	帖	12,300	98,400	
3	壁　塗替え工事		33.0	㎡	2,800	92,400	
4	襖紙貼り替え（片面）	押入れ・量産新鳥の子	2.0	本	3,400	6,800	
5	戸襖貼り替え（襖紙・クロス）	出入り口 片引戸	1.0	本	6,600	6,600	
6							
7							
8							
9							
10							
11					–	–	
12					–	–	
13					–	–	
	◆ 上 記 小 計 金 額	¥232,200			–	–	
◆	1階 和室6帖				–	–	
1	既存 畳撤去処理		6.0	帖	3,500	21,000	
2	新規 畳交換		6.0	帖	12,300	73,800	
3	壁クロス貼替え	剥がし・下地パテ処理・量産品	23.0	㎡	1,500	34,500	
4					–	–	
5					–	–	
6					–	–	
7					–	–	
8					–	–	
9					–	–	
10					–	–	
11					–	–	
12					–	–	
13					–	–	
	◆ 上 記 小 計 金 額	¥129,300			–	–	

どんな工事をするかが明確になっている

各部屋別に内訳が記載されており、数量や単価が細かく記載されている

りとわかります。ケアフルリフォームでは、可能な限り見積りを正確に出し、建築やリフォームに詳しくないお客様でも工事の内訳がきちんと理解できるようにしています。しかし、見積りの内訳を明確にしないことで費用をごまかし、追加工事によって後から費用を上乗せできるようにあらかじめ見積りを作成する会社もあるのです。

◆金額や項目のはっきりしない見積りに騙されない

この3社の見積り比較からわかることは、リフォーム業者が提示する見積りの概算金額だけを見て判断するのはアブナイということです。1番やってはいけないことは、見積りの概算金額の比較だけで業者を選び、決めてしまうことです。

例えば、リフォームの一括見積りサイト等で見積り依頼をすると、複数の業者から一斉に見積りが送られてきてしまいます。業者からのアプローチは、メールや電話、郵送などさまざまあるので、その対応に疲弊し、つい業者選びを簡単に済ませようとして、概算金額だけに着目してしまいますが、見積りの提出を受けたら、必ずその内容に関する説明を受けてください。リフォーム業者の選び方については、後の章で詳しく説明しますが、ここではひとまず、業者からの見積りを最初から信用しないこと、概算金額に騙されてはいけないということの2つを覚えておいてください。

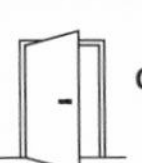

SECTION 03 大手リフォームの値段のからくりと見積り書のからくり全部教えます

◆安いと錯覚させる大手のリフォームパック

「水回りリフォームパック〇円」というチラシを見た事はありませんか。水回りのリフォームですから、洗面、トイレ、浴室のリフォームがセットになったリフォームプランです。プランには、各水回りの設備（洗面台、トイレ本体、浴室）の費用と、基本工事が含まれているのが一般的です。設備に関しては、各設備メーカーからいくつもシリーズが出ていますから、希望の設備を選ぶこともできます。パックプランの場合は、業者にとって利幅のいい設備がスタンダードの設備となっていますから、さらにグレードを上げたい場合には、追加費用を支払うという仕組みです。

このようなパック料金式でリフォーム提案を行うやり方は、大手リフォーム会社やホームセンター系のリフォーム会社、または不動産系のリフォーム会社がよくやる方法です。

パック料金式の特徴はあらかじめプランが3つほど用意されていることで消費者はおおよそのリフォーム価格がイメージできるというメリットがありますが、実際に工事を行うとなると、パック料金に記載されている費用以外に、さまざまな工事費用等が加算されることになり、想定していたリフォーム費用よりも大幅に上回ることが多いというデメリットもあります。

リフォームを希望する人の中には、大手だからリフォーム費用は安いと言う人もいますが、それはまずありません。大手の場合は、小さなリフォーム会社とは違い、高額な会社の広告宣伝

図18：大手のリフォームパックのチラシの例

※実際のチラシをもとに筆者が再作成

費用やオフィスの家賃などがリフォーム費用に含まれます。宣伝費用や店舗家賃、人件費が商品やサービスに含まれるのは、どの業界でも同じです。しかし、企業規模が大きくなればその費用が高くなるのは当然です。このような背景もある上に、大手リフォーム会社の場合は、リフォームを下請け業者にほとんど丸投げするので、自分が選んだパックプランの他に、下請け業者による工事の費用が加算されることになります。こうなると、わかりやすいはずだったパック料金はあまり意味を成しません。その証拠として、大手リフォーム会社Xの見積りを取り上げてみましょう。

◆大手リフォーム会社Xのリアル見積り

大手リフォーム会社Xが提供しているリフォームパックの見積りは、次の図19の内容になっています。見積りを見てみると、標準工事の部分は確かにパック料金で示されている価格になっていますが、よく見ると、この標準工事は水回り設備のみに関する工事の価格で、その他付帯工事に関する工事費用は抜けていることがわかります。要するに、洗面台等の設備を撤去と設置の工事はしますが、その他のことは一切行われない前提です。

その証拠に、右のほうを見ると、フローリングの工事のオプション費用として118万もかかっています。そしてさらに建具と言われる、ドアやドア枠もオプションとして追加されています。

リフォームパックの場合は、一見すると安い価格でリフォームができそうですが、このようにオプションを重ねるたびに大きく金額が上乗せされていく仕組みになっています。この見積り書では、結局全面リフォームとして465万円という価格が提示されていますが、パック料金としてもともと280万円だったところにオプションの185万円がプラスされると、もはやこれが高いのか安いのかという判別がつきに

図19：大手のリフォーム会社Xのリアル見積り

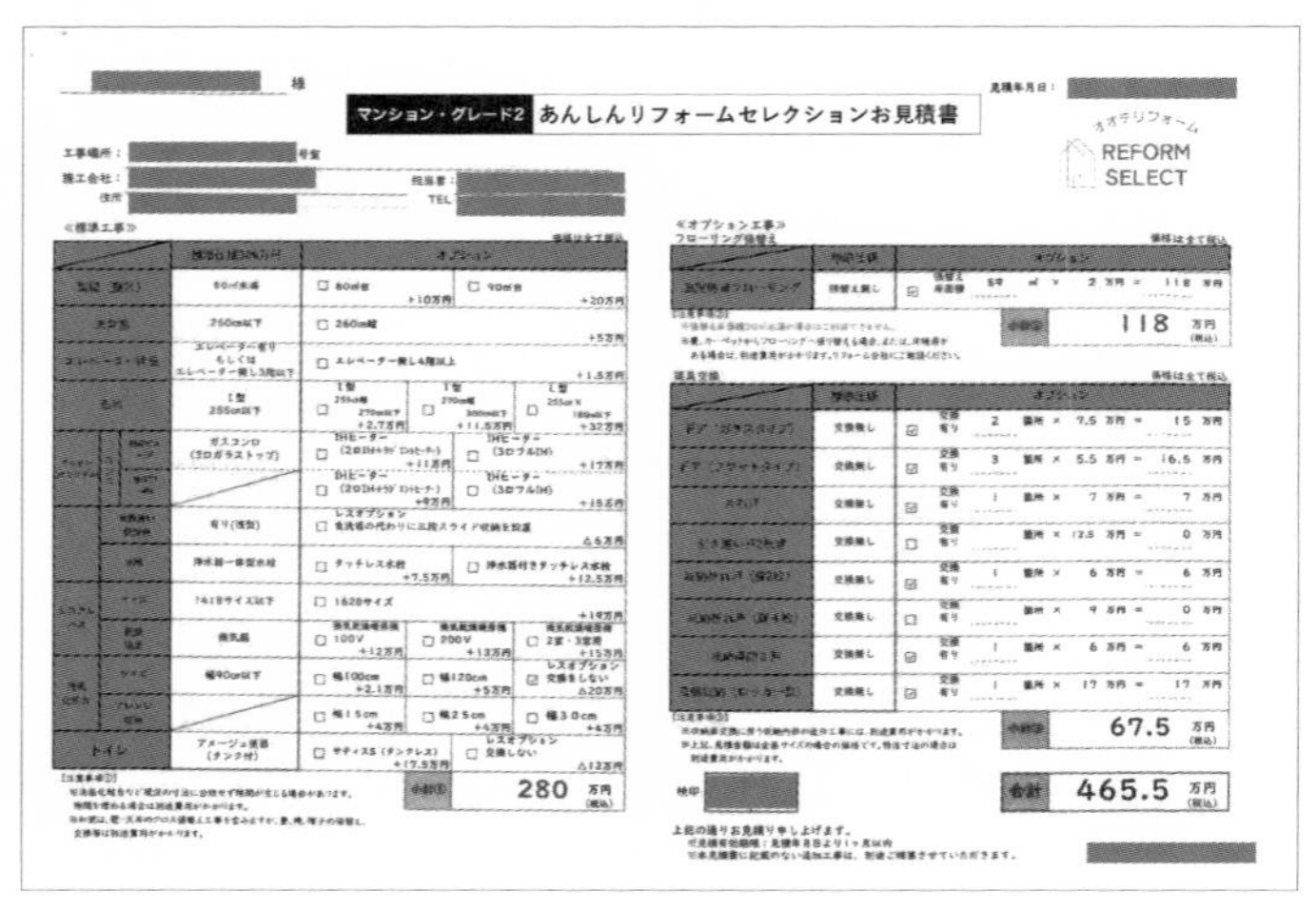

様

見積年月日：

マンション・グレード2 あんしんリフォームセレクションお見積書

オオテリフォーム REFORM SELECT

工事場所：　号室
施工会社：
住所
担当者：
TEL

《標準工事》　価格は全て税込

	標準仕様	オプション		
[illegible]	60㎡未満	□ 80㎡台 +10万円	□ 90㎡台 +20万円	
[illegible]	260cm以下	□ 260cm超 +5万円		
[illegible]	エレベーター有り もしくは エレベーター無し3階以下	□ エレベーター無し4階以上 +1.5万円		
[illegible]	I型 255cm以下	□ I型 255cm超 270cm以下 +2.7万円	□ I型 270cm超 300cm以下 +11.5万円	□ L型 +32万円
[illegible]	ガスコンロ (3口ガラストップ)	□ IHヒーター (2口IH+ラジエントヒーター) +11万円	□ IHヒーター (3口フルIH) +17万円	
[illegible]		□ IHヒーター (2口IH+ラジエントヒーター) +9万円	□ IHヒーター (3口フルIH) +15万円	
[illegible]	有り(深型)	レスオプション □ 食洗機の代わりに三段スライド収納を設置 △6万円		
[illegible]	浄水器一体型水栓	□ タッチレス水栓 +7.5万円	□ 浄水器付きタッチレス水栓 +12.5万円	
[illegible]	1418サイズ以下	□ 1620サイズ +19万円		
[illegible]	換気扇	□ 換気乾燥暖房機 100V +12万円	□ 換気乾燥暖房機 200V +13万円	□ 換気乾燥暖房機 2室・3室用 +15万円
[illegible]	幅90cm以下	□ 幅100cm +2.1万円	□ 幅120cm +5万円	☑ レスオプション 交換をしない △20万円
[illegible]		□ 幅15cm +4万円	□ 幅25cm +4万円	□ 幅30cm +4万円
トイレ	アメージュ便器 (タンク付)	□ サティスS (タンクレス) +17.5万円	□ レスオプション 交換しない △12万円	

小計① 280 万円（税込）

《オプション工事》
フローリング張替え　価格は全て税込

	標準仕様	オプション
[illegible]	張替え無し	☑ 張替え床面積 59 ㎡ × 2 万円 = 118 万円

小計② 118 万円（税込）

建具交換　価格は全て税込

	標準仕様	オプション
[illegible]	交換無し	☑ 交換有り 2 箇所 × 7.5 万円 = 15 万円
[illegible]	交換無し	☑ 交換有り 3 箇所 × 5.5 万円 = 16.5 万円
[illegible]	交換無し	☑ 交換有り 1 箇所 × 7 万円 = 7 万円
[illegible]	交換無し	□ 交換有り 箇所 × 12.5 万円 = 0 万円
[illegible]	交換無し	☑ 交換有り 1 箇所 × 6 万円 = 6 万円
[illegible]	交換無し	□ 交換有り 箇所 × 9 万円 = 0 万円
[illegible]	交換無し	☑ 交換有り 1 箇所 × 6 万円 = 6 万円
[illegible]	交換無し	☑ 交換有り 1 箇所 × 17 万円 = 17 万円

小計③ 67.5 万円（税込）

検印

合計 465.5 万円（税込）

上記の通りお見積り申し上げます。
※見積有効期限：見積年月日より1ヶ月以内
※本見積書に記載のない追加工事は、別途ご精算させていただきます。

くなってきてしまいます。こんなふうに、安そうに思わせておいて実はオプションなしでは満足いくようなリフォームにならないように設計されているのが、大手の手法です。

ただ、先ほどの見積りが全面リフォームだと考えると、大手のリフォームが465万円でできるのであれば案外悪くないという見方もあります。高いところでは、1000万円近くかかる全面リフォームもありますから、随分お得な印象を持つ人もいるかもしれません。

しかし、ここで終わりではないのが大手リフォームの怖いところです。実はこの見積りには続きがあり、先ほどの見積りに加えて次の図20の見積りも別紙でついてきていたのです。

図20の見積りはどんな内容かというと、図20の工事を大手から請け負った業者が実際に付帯工事を行う際の費用の見積りです。先ほどの図20のパック料金やオプション費用とは別に、付帯工事や取り付け工事、さらなるオプション工事などが入り、先ほどの465万円にプラスして230万円がかかります。こうして結局、最終合計は718万円の見積りになりました。465万円の時点でも「結構オプションで（費用）が高くなってしまった」と思ったところに、さらに230万円も工事費用で高くなるといいます。大手のリフォームのパック料金を選ぶ人は、

図20：大手のリフォーム会社Xの下請け会社から提出された見積り

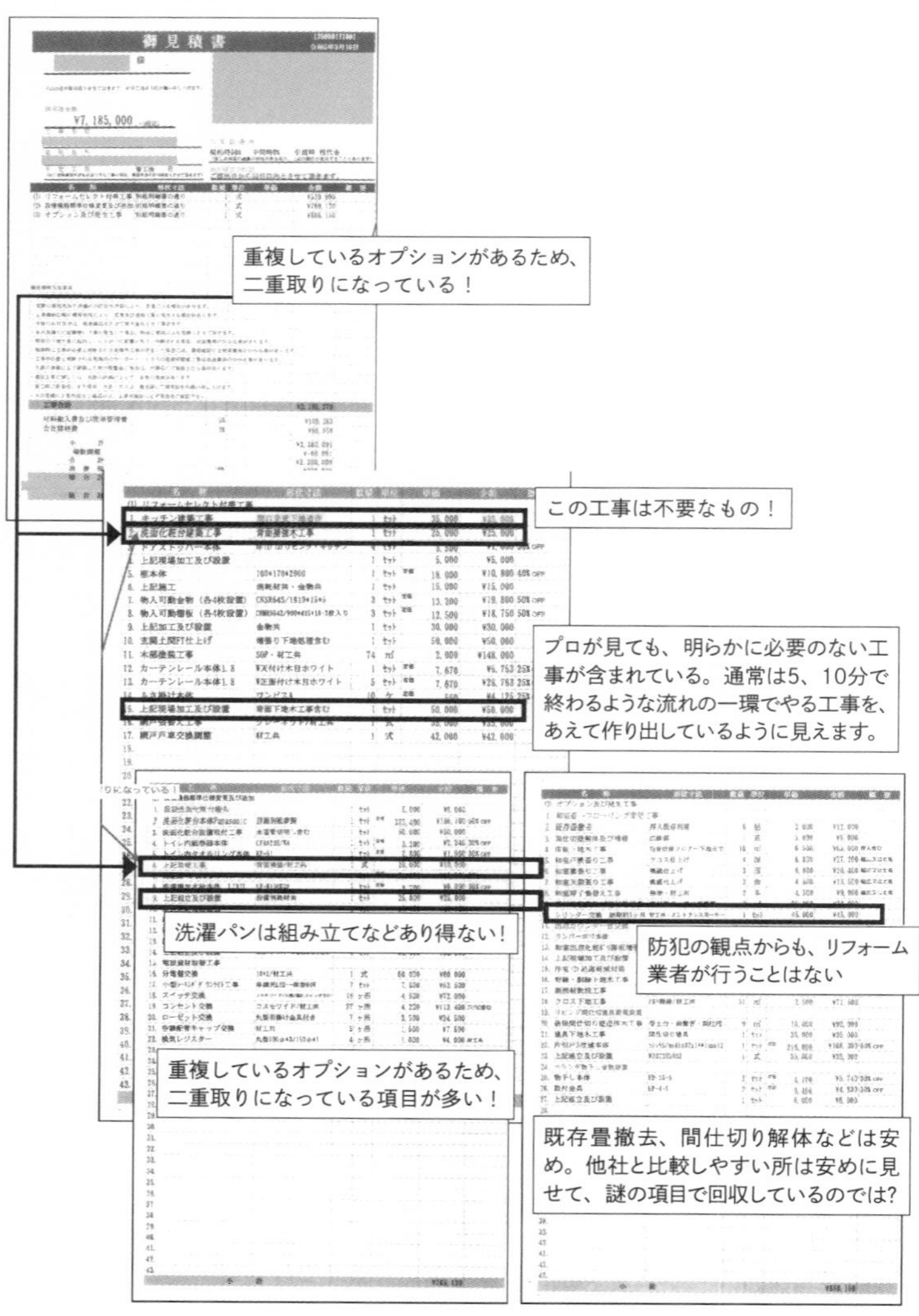

パック料金の安さに魅力を感じる人が多いと聞きます。でも、280万円に少し工事費用が増えるくらいだろうという想定をはるかに超え、700万円以上の大リフォームです。

このように、大手のリフォーム会社がやりがちなのは、消費者がリフォーム料金を概算比較することを見越して、概算費用を安く設定しておき、後からオプション等で値段を釣り上げていくというやり方です。決して大手のパック料金が安いのではなく、きちんと裏があるのです。

◆ケアフルリフォームの見積り

先ほどの大手リフォーム会社の見積りと同じ内容でケアフルリフォームが見積りを行うと、図21のようになります。大手の見積りのように見栄えはよくないかもしれませんが、ケアフルリフォームの見積りは、見積りの説明を受ければ、工事内容がきちんと把握できるような構成・内容になっています。例えば、キッチンや浴室、洋室など、大まかな部屋ごとの小計がいくらになるのか。あるいは、各部屋の内訳の工事内容についても細かく具体的に記載されています。

ケアフルリフォームの見積りであれば、現場の状況に応じて追加工事が発生したとしても、おそらくそれほど大きな金額の変更がなく、見積りで確認した価格イメージのままリフォームを

図21：大手と同じ内容で見積りをしたら、100万円以上減額できた

お見積書

ケアフルリフォーム

2023年9月21日

見積No 04400-1A

様

下記の通り、御見積を申し上げます。

〒276-0032 千葉県八千代市八千代台東1-40-6

〒277-0852 千葉県柏市旭町…7-5 旭町ビル2F

TEL: 0120-017-… 担当 野仲 智幸

10%・税込合計	¥6,000,000-	内消費税額 ¥545,454

工事名称　内装改修工事

工事概要　水廻り設備交換　内装仕上げ

現場住所

お支払条件　着工前50%残金完了後

予定工期　50 日間

お見積有効期限　1ヶ月

No.	名称	仕様	数量	呼称	単価	金額	備考
①	キッチン改修工事	＊詳細は内訳明細書を御参照下	1.0	式	1,134,650	1,134,650	
②	リビング改修工事	〃	1.0	式	483,800	483,800	
③	洋室3・4・ランドリースペース改	〃	1.0	式	743,265	743,265	
④	洋室2改修工事	〃	1.0	式	281,450	281,450	
⑤	洋室1改修工事	〃	1.0	式	263,850	263,850	
⑥	玄関・廊下改修工事	〃	1.0	式	423,660	423,660	
⑦	トイレ改修工事	〃	1.0	式	251,030	251,030	
⑧	浴室改修工事	〃	1.0	式	705,500	705,500	
⑨	洗面室改修工事	〃	1.0	式	299,900	299,900	
⑩	給湯器交換工事	〃	1.0	式	121,340	121,340	
⑪	[illegible]工事	〃	1.0	式	365,000	365,000	
⑫	現場管理費		1.0	式	48,000	48,000	
⑬	廃材処分費		1.0	式	185,000	185,000	
⑭	諸経費	資材搬入・養生・消耗材	1.0	式	259,000	259,000	
	小計					5,565,445	
	端数引き					-110,899	
	合計					5,454,546	

【内訳明細書】

ケアフルリフォーム

No.	名称	仕様	数量	呼称	単価	金額	備考
◆	キッチン改修工事				-	-	
1	既存キッチン解体撤去		1.0	式	19,000	19,000	
2	設備工事	給排水管移設・接続	1.0	式	56,000	56,000	
3	電気・ガス工事	配線・ダクト移設・接続	1.0	式	56,000	56,000	
4	クリナップキッチン ラクエラ 55%引き	詳細は別紙メーカー資料参照	1.0	セット	648,000	648,000	定価¥1,440,400
5	キッチン搬入・組立設置				[illegible]	[illegible]	
6	入口開き戸 ノダ カナエルR A-11型	55%引き	1.0	セット	33,750	33,750	定価¥75,000
7	開き戸施工費						
8	天井クロス貼替		8.0	m	1,800	14,400	
9	壁クロス貼替		24.0	㎡	1,800	43,200	
10	ソフト巾木	h60R付・材工	15.0	m	1,200	18,000	
11	床クッションフロア	材工・量産品	8.0	㎡	3,850	30,800	
12	入口開口枠補修		1.0	式	18,500	18,500	
13					-	-	
	◆上記小計金額	¥1,134,650			-	-	
◆	リビング改修工事				-	-	
1	既存フロア材・巾木撤去		18.0	㎡	1,900	34,200	
2					-	-	
3	フロア材 ノダ カナエルC防音45	L45 60%引き	6.0	ケース	14,400	86,400	定価¥36,000/ケ…
4	フロア施工専用接着剤	オーシカボンド セレクティー5kg	2.0	個	3,400	6,800	
5	フロア材施工費		30.0	㎡	3,000	90,000	
6	リビング入口ドア ノダ カナエルR A-31型	55%引き	1.0	セット	60,300	60,300	定価¥134,000
7	ドア施工費		1.0	式	30,000	30,000	
8	天井・壁クロス貼替		56.0	㎡	1,800	100,800	
9	ソフト巾木	h60R付・材工	24.0	m	1,200	28,800	
10	窓枠・カーテンボックス塗装		1.0	式	28,000	28,000	
11	出窓カウンターメラミン板貼り		1.0	式	18,500	18,500	
12					-	-	
13					-	-	
	◆上記小計金額	¥483,800			-	-	
	小計					1,618,450	
	合計					1,618,450	

【内訳明細書 3】

ケアフルリフォーム

No.	名称	仕様	数量	呼称	単価	金額	備考
◆	洋室2改修工事				-	-	
1	既存フロア材・巾木撤去		10.0	㎡	1,900	19,000	
2	フロア材 ノダ カナエルC防音45	L45 60%引き	3.0	ケース	14,400	43,200	定価¥36,000/ケース
3	フロア施工専用接着剤	オーシカボンド セレクティー5kg	1.0	個	3,400	3,400	
4	フロア材施工費		10.0	㎡	3,000	30,000	
5	入口開き戸 ノダ カナエルR A-11型	55%引き	1.0	セット	33,750	33,750	定価¥75,000
6	開き戸施工費		1.0	式	30,000	30,000	
7	天井クロス貼替		10.0	㎡	1,800	18,000	
8	壁クロス貼替		24.0	㎡	1,800	43,200	
9	ソフト巾木	h60R付・材工	12.0	m	1,200	14,400	
10	窓枠塗装		1.0	式	28,000	28,000	
11	出窓カウンターメラミン板貼り		1.0	式	18,500	18,500	
12					-	-	
13					-	-	
	◆上記小計金額	¥281,450			-	-	
◆	洋室1改修工事				-	-	
1	既存フロア材・巾木撤去		8.0	㎡	1,900	15,200	
2	フロア材 ノダ カナエルC防音45	L45 60%引き	3.0	ケース	14,400	43,200	
3	フロア施工専用接着剤	オーシカボンド セレクティー5kg	1.0	個	3,400	3,400	
4	フロア材施工費		8.0	㎡	3,000	24,000	
5	入口開き戸 ノダ カナエルR A-11型	55%引き	1.0	セット	33,750	33,750	
6	開き戸施工費		1.0	式	30,000	30,000	
7	天井クロス貼替		8.0	㎡	1,800	14,400	
8	壁クロス貼替		23.0	㎡	1,800	41,400	
9	ソフト巾木	h60R付・材工	10.0	m	1,200	12,000	
10	窓枠塗装		1.0	式	28,000	28,000	
11	出窓カウンターメラミン板貼り		1.0	式	18,500	18,500	
12					-	-	
13					-	-	
	◆上記小計金額	¥263,850			-	-	
	小計					545,300	
	合計					545,300	

行っていただけます。前項で見たような、どんどんオプションが追加されていき、100万円単位で増減するようなことは発生しないので安心していただけます。

もしかしたら、ケアフルリフォームのような透明性が高い見積りは、業者側から見ると、他社と比較され放題なのでよく思われないかもしれません。しかし、このように見積りの内容を具体的に表し、一つ一つの工事に納得していただくことで、お客様に満足していただけるリフォームが行えるようになります。オプション工事が次々と追加されたり、一式表記のように内訳がわからなかったりするものに対しては、お客様側も不信感を抱いてしまいます。建築業界の契約に関するトラブルで多いことの筆頭に、見積りと請求額の激しい乖離があるわけですから、このようなことが起こらないようにさえすれば、お客様とのトラブルは避けられ、気持ちよくサービスを受けていただけると考えています。

あなたは、今の生活をよりよくするためにリフォームを考えているはずです。ですからリフォームをする際には、今後の生活がしやすくなるような予算を考え、その予算の中でできる限り希望を叶えていくべきです。予算を無尽蔵に吊り上げても、ローンの支払いなどが辛くなってしまえば、明るい生活を送ることはできなくなるでしょう。予算を超えた際は、各部屋のリフォームにかかる費用や各工事の内容を把握することで、優先順位をつけながら見直すことができるはずです。

いくつかの見積りを見て、いかに多くのリフォーム会社や業者がリフォームの値段を高く売ることに必死になっているかがおわかりいただけたかと思います。リフォーム会社や業者にとってリフォームはビジネスですから、売上を重視することは否定はできません。しかしながらお客様が「知らなかった」「騙された」と後から思うような契約はすすめるべきではありません。

ただ、このようなことが起きてしまう原因のひとつには、依頼側の姿勢もわずかながら挙げられます。というのも、お客様側が業者の話をほとんど聞いていないことが多いからです。リフォーム業者から送られてくる見積りの概算金額だけを気にして、細かいこを一切気にしていない様子だったり、一生懸命説明しても適当に流してきちんと聞いていないような態度を見せる人も決して少なくありません。

いくら自分がお金を支払う側だといっても、丁寧な対応をしてもらいたいと思うのであれば、依頼側の態度もそれなりでなければいけません。あまりに適当にあしらっているような態度が見受けられると、「この人はどうせ細かいところまで気にしないだろうから、適当にしておこう」と足元を見られてしまいます。

実際に私自身もリフォームの相談を受けている中で、説明をまったく聞いていらっしゃらないお客様に遭遇することがあります。できる限り一生懸命お手伝いさせていただこうと頑張るも、それをあからさまな態度であしらわれてしまうと、とても残念な気持ちになります。お客様をごまかしたり、騙したりすることはいけませんが、つくづくリフォームはお客様と業者の信頼関係によって成り立つものだと感じます。

SECTION 04

リフォームの値段交渉で業者が使う交渉テクニックと対応策

◆リフォーム業者が契約時によく使う3つの交渉パターン

リフォーム業者が作る見積り書のカラクリがわかったら、次はお客様にリフォームを契約してもらうために業者がよく使う交渉テクニックについて紹介していきます。リフォーム金額を少しでも高くしたい業者は、どのようにして契約に結びつけようとするのでしょうか。

主なパターンは、3つあります。1つは、比較しにくい見積り書を作成して、一見安くリフォームできるかのように錯覚させるというやり方。次に、モニター商法のような交渉を行い安くなると勘違いさせるやり方。最後に、決算値引きなどの期間限定の割引やキャンペーンがあることを伝え、契約までの判断をわざと早くさせるやり方です。

業者の交渉テクニックを事前に知ることで、変な業者に言いくるめられるのを防ぐこともできるはずです。ムダなリフォームをさせられたり、不当に高い金額で契約してしまうことのないようにしていきましょう。

◆比較しにくい見積りで錯覚させる

この章では、地域のリフォーム業者の見積りから大手リフォーム会社の見積りまで、さまざまな見積りを見ていただきました。各社の見積りの詳細を見ていると、内訳があえてわからないようになっていたり、工事の内容が特定できないようになっていたり、必要な設備や工事が含まれていなかったりなど、不備が多くあったことに気が付かれたと思います。リフォーム業界では、概算見積りの金額で比較されることが多いですから、比較されるタイミングでいかに自社が優位になるかが勝負の決め手になります。ですから、多くのリフォーム業者が概算見積りの金額を低くし、後から追加で費用が加算できるような仕組みにしています。

また、比較されにくい見積りを作成するだけでなく、お客様に比較する時間を与えないようにする業者もいます。例えば、キッチンや浴室の設備などの設備費用は、他社も同じメーカー、同じシリーズの設備を扱っているため比較されやすくなるポイントです。ですから、そういう比較されやすい見積り項目については「今すぐ契約していただけるのであれば、価格を下げることができます」「今週中までキャンペーンを開催しているので、契約していただけるのであれば、この見積り金額からさらに値下げができます」「初回見積りのお客様限定で、○%設備費用を値下げできます」などと、あらかじめ期間を設けてお客様の判断力を奪おうとするところも少なくありません。考える時間を奪ってしまうことで、他社との判断ができなくなることからこのような方法で契約に結びつけようとするリフォーム業者は多く存在しています。

◆モニターを口実に、大幅値下げで契約させる

新商品が誕生した際、サンプルを配ったりモニターを募集したりして、商品の認知度を高める販促手法は今なお健在です。ただ中には、「本来の見積りは○○万円ですが、現在このエリアを中心にキャンペーンを行っていますので、モニターになっていただければ値引きが可能です」「他にもモニター候補のお客様がいて、残りのモニター枠は1名だけです。早めに申し込まれたほうがいいですよ」などとすぐの契約を促す会社もあります。時々「今日中のお申し込みでないと間に合いません」と発破をかける営業マンもいます。

モニターというと「お得」というイメージがありますが、実際には「モニターになる」という特典は、高額な協力費が発生することもあります。例えば、モニターを行うために3万円前後の協力費が必要で、更には顔出しの動画撮影や自宅での展示会開催などが行われる場合には、約10万円の費用がかかることもあります。リフォームのモニターは、化粧品や食品のサンプル配布とは異なり、無料でモニターができるわけではない点に注意しなくてはなりません。

このように、高額なモニターを募るような方法は最近では少なくなっていますが、一部ではまだ根強く残っており、モニターという言葉に騙されて契約してしまう人もいます。

そもそもモニターとして契約する場合は、大抵、業者がもともと高額に設定された見積りを提示し、それを値引きする形で行われます。消費者としては、高額な商品が大幅な値下げになるので「そんなに安くなるなら」と魅力に感じてしまいますが、もともと不当に高額な値段が設定されていることを頭にいれておくと、騙されることはありません。

モニター商法は、ホームセンター系のリフォームや街のリフォーム会社も行っていることがあるので、モニター商法を行うところがすべて悪徳業者だとは言い切れませんが、モニターの「もともと高く値付けしたものを、お客の前で大幅に値引きする」というカラクリは、どこも共通しているはずです。

モニターを勧められるようなケースに出合ってしまったら、少なくとも選ぶ側は業者を冷静に見極める判断力が必要です。もしかしたら、悪意なくモニターを募っているケースもありますから、状況に応じて考えなければなりません。モニターの特典には費用が発生することを理解し、他の業者の見積りと比較検討することが大切です。また、急な契約を迫る言葉に惑わされず、じっくりと検討するようにしてください。

◆決算値引きは、工事や商品の質にご注意

リフォーム業者が契約を勧める際の手法の３つめは、決算値引きなどの値引きキャンペーンです。値引きキャンペーンは、期間限定や特別な事情（決算、歳末など）を理由に、費用を値引きするとＰＲして、契約してもらいやすくするという方法です。リフォーム業界だけでなく、多くの業界で取り入れられている手法ですから、スーパーなど身近な場所でもよく見かける文句だと思います。

消費者としては、期間限定という言葉に惹かれ「この期間中に契約しなければ」と急ぎ足になりますが、これにも注意が必要です。なぜなら、決算セールなどで安く提供されたリフォームの場合、その裏には工事や商品の質に影響が出る可能性があるからです。

決算値引きや期間限定の特別価格が適用される場合、業者側は利益を確保するために、リフォームで値引きした分をどこかで補填しようとします。例えば、古くから倉庫にあったような劣化品を提供したり、安く工事をしてくれる「多能工」を使って工事をしたりすることが考えられます。

決算などを理由に期間限定で値引きキャンペーンが行われている時は、つい慌てて契約をしてしまいがちですが、決してそんなことをする必要はありません。確かにリフォーム値段が安くなればそれに越したことはありませんが、安さを求めたために長く住む家の工事がいい加減に行われ、後々に修理が必要になったり、トラブルが起きたりしてしまっては意味がありません。期間限定の割引に踊らされるのではなく、しっかりと見積りを確認し、見積り項目が重複していないか、余分な工事が含まれていないか等、見積りの価格が適正であるかを確認しながら内容を決めていくほうがよほどお得にリフォームができます。

「期間限定」や「特別値引き」という言葉に焦ってしまうと、業者が行う見積りのカラクリに気づく心の余裕を無くし、まんまと業者の思惑に引っかかってしまいます。

CHAPTER 04

良いリフォーム業者の見分け方と探し方を知ろう

SECTION 01 そもそもリフォーム業者というのはナニモノだ

◆リフォーム業界の勢力図はこうだ

リフォーム業界の実態やずさんな見積りを実際に知ると、リフォーム業者を簡単に信用してはいけないことがわかりますよね。1章でも書いたように、リフォーム業自体はその内容によっては資格や届出等がなくてもできてしまうため、悪徳業者などが参入しやすい環境になっていますし、契約を取って下請けに流すという業界構造によって、不当に価格がつけられていたり、手抜き工事が横行したりしているのが現実です。ですから繰り返しお伝えしていますが、地域密着のお店だからとか大手のリフォーム会社だからといったことは通用しないのです。

とはいえ、リフォームをしたいという気持ちがなくなるわけではありません。だからこそ、リフォームを行う場合は、後悔しないようないいリフォーム業者を見つけ出すことが、リフォームを成功させる上で一番大切なプロセスになってきます。

では、いいリフォーム業者はどのようにして見分ければいいでしょうか。ここでは、リフォーム業者を見分けるポイントを説明していきますが、話をよりわかりやすくするために、リフォーム業界に存在する業者を分類し整理していきましょう。

図22は、リフォーム業界の勢力図です。勢力図といっては大げさかもしれませんが、リフォーム業界に存在する業者同士の力関係などを表した図になります。リフォーム業界を大きく分類すると、リフォーム専門系、工務店系、不動産系、異業種参入系（ホームセンターやスー

図22：業界の勢力図イメージ

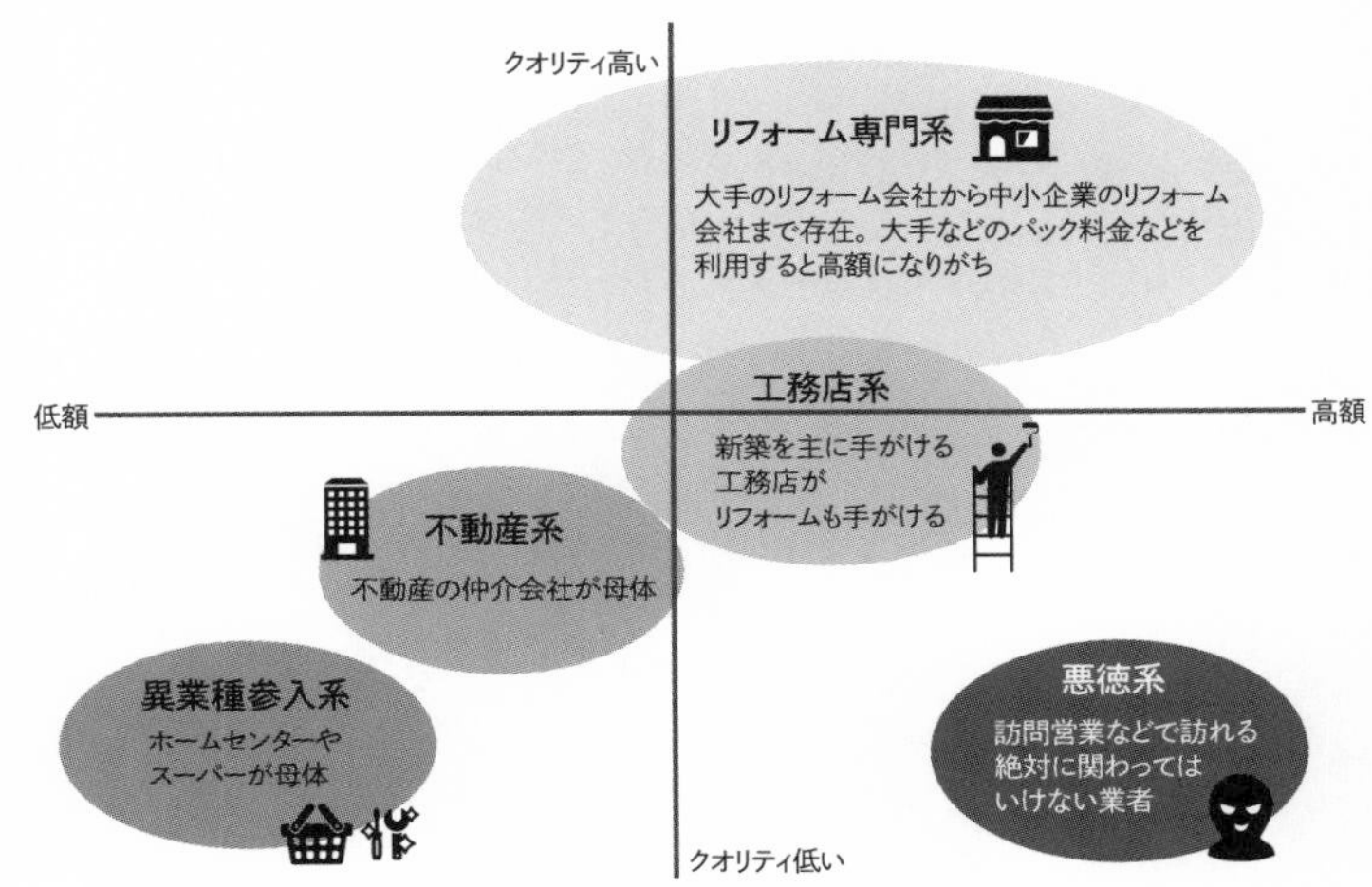

パーなど)、そして悪徳系の5つに分類することができます。それぞれについて詳細は後述しますが、本書の3章で触れたような街のリフォーム会社や大手リフォーム会社は、リフォーム専門系としてまとめています。

◆リフォーム専門系

リフォーム専門系に分類されるのは、新築ではなくリフォームを専門に手がけている業者のことです。会社の規模は、大手から小さなリフォーム会社までさまざまですが、顧客のリフォームのニーズに合わせて、プランを提案しリフォームを行います。

ただし、プラン提案の内容や価格、工事の品質は業者によってピンキリです。残念ながら、リフォーム専門を謳っていても「プロ」とは言い難い業者が多いのも現実です。

品質が悪い業者はさておき、しっかり丁寧に仕事をしてくれる業者であれば、リフォームのことを熟知しているので、他の不動産系やホームセンター系のリフォームに比べ安心して任せることができます。何度も書いてしまいますが、リフォームは新築ではなくすでに経年劣化した建物の修繕です。ですから、新築の工事のようにスムーズにはいかないことも多く、現場やその建物に応じた対応力・判断力・技術力が求められます。そういう意味で考慮すると、餅は餅屋ではありませんが、リフォームはリフォーム専門の業者に任せるのが一番安心だと思います。

ちなみに大手リフォーム会社もこのリフォーム専門系に含まれますが、大手でリフォームを依頼する際には、大手が発注する業者に注意の目を向けておくといいでしょう。

大手のやり方は、ほとんどがパック料金で価格をつりあげるというやり方です。ですが、大手というだけあり、技術力や品質が一定以上保たれていることは事実です。

ただ、3章で説明したように、パック料金のカラクリがありますし、個人的な意見としては、築年数や建物が異なるので、パック化は不可能だと考えていますから、大手のリフォームのやり方は賛成できるものではありませんが、それを理解した上であれば、大手と相性のいい人もいるかもしれません。

◆工務店系

工務店系は、街の工務店がリフォームを行うというケースです。

工務店は、特定の地域で住宅工事を請け負う建設会社のことをいい、小規模ですが工事に関わる職人の手配や管理を行います。「大工さん」と呼ばれる人たちが働いているのが、工務店です。工務店の特徴としては、リフォームだけでなく、増築や新築工事なども幅広く行っているという点です。大手のパックプランとは異なり、施主の好みや条件に合わせた家づくりを得意とするところもあります。

ただし、工務店もリフォームにおいてはデザインや契約、保証関係で不安があります。リフォーム専門会社並にリフォームを手がけている工務店であれば問題ないでしょうが、中にはほとんど新築しか手がけていない工務店が、時々リフォームを手がけるというケースもあります。前にもお伝えしているように、ゼロから建てる新築とすでに経年劣化しているリフォームとでは、配慮する箇所や手を加える点が全く異なります。大げさにいえば、新築のノウハウだけではリフォームはできないのです。

デザイン面にしても、リフォームは新築と違って設計士やインテリアデザイナーなどがつかない場合もあります。小規模なリフォームの場合は、工務店と話し合って決めるというスタイルが多いようですが、トータル的な空間デザインを意識してもらえないと、せっかくリフォームしてもチグハグな空間になってしまう可能性があります。

保証に関しては6章でも触れますが、工務店の場合は職人として技術提供が主な事業になりますから、品質保証などの付帯サービスを扱っていないところがほとんどです。

◆不動産系

不動産系というのは、不動産仲介を行っている会社が母体となっているリフォーム業者のことを指しています。不動産系のリフォーム会社は、自社でいくつも不動産を所有していることもあり、建物の修繕の経験などを活かして参入してきているケースが多いです。

とはいえ、もともとは不動産を仲介することが主な事業ですから、建築やリフォームに関する知識やノウハウはほとんどありません。そのため、契約だけを取って下請け業者に丸投げしているのが現状です。窓口の担当者もリフォームの知識がない営業マンであることが多く、専門的なことを聞こうとしてもきちんとした回答が得られません。その上、下請けに仕事を発注する際に買い叩く傾向があるとして、リフォーム業界では有名です。

◆異業種参入系

異業種参入系のリフォーム会社は、ホームセンターやスーパーが母体となり、リフォーム業界に参入するケースが多いです。「住まい」も手厚くサポートできることは、企業価値の向上にも繋がりますから、生活や住まいに関連する業界の企業が、参入しやすいリフォームを手がけるようになっています。

しかし、この異業種参入系は不動産業界よりも注意したほうがいいです。業界に関する知識がまるでないだけでなく、本書でこれまで話してきたような業界構造なども理解できていないためか、下請けとなる業者の質が悪いのが特徴です。異業種参入系の会社からの仕事は、多能工や仕事がいい加減で依頼が少なくなってしまったような職人がやる仕事だと、業界内では揶揄されることもあります。自分たちの利益確保のために業者を買い叩く異業種参入系のリフォーム業者には、いろいろと問題があるのです。

1章で紹介した実際のトラブル体験談も、異業種参入系のリフォーム会社との間で起きたトラブルです。異業種参入系のリフォーム会社は、価格を安く見せるのが上手いのですが、安かろう悪かろうになっているところが残念なところです。

◆悪徳系

悪徳系のリフォーム会社については、本書で繰り返し説明してきましたので、あえてここでは詳しく触れません。訪問販売系の業者や被災地を循環するような業者などがこの悪徳系に分類されます。


5つに分類された業者のうち、結論としてリフォームを行う場合はリフォーム専門系の会社に分類される業者を選ぶほうが安心です。

理由はすでにお伝えしたとおりですが、リフォームに関するノウハウと技術を十分に持ち合わせていることが大きな理由の一つです。リフォームは、新築とは違い古い建物をさわるわけですから、新築の設計や工事とは違う観点からプランニングを行わなければなりません。襖の交換や障子の張り替え程度の小さなリフォームなら大した影響はありませんが、建物や設備に手を加えなければならないような工事になればなるほど、専門的な知見が求められます。

SECTION 02

いいリフォーム業者の探し方

◆リフォーム業者を探すための3ステップ

リフォーム業界の勢力図を把握したら、次はいいリフォーム業者の探し方を理解していきましょう。前項でお伝えしたように、リフォーム業界はいろいろな業者が存在していますから、自分の希望を共に叶えてくれるパートナーのような会社を探すのは大変ですが、あなたの資産となる大切な住まいの工事を任せる相手ですから、慎重かつ厳しい目で選んでください。

私がおすすめするリフォーム業者を探すための手順は、次のような3ステップです。

ステップ1：よさそうなリフォーム会社を10社選ぶ
ステップ2：業者比較シートなどを使い、3社に絞る

ステップ3：3社に見積り依頼をし、1社に絞る

最初のステップでは、インターネットや雑誌、知人の紹介など複数の情報源からリフォーム会社を探し、各社のホームページやパンフレットなどから雰囲気のよさそうなところや、自分の好みの事例が掲載してあるところなどを10社選んでいきます。

この段階では細かいところまでの比較は行わず、後ほど紹介する5つほどの項目で選んでいきます。

ステップ2では、ステップ1で選んだ10社をさらに3社まで絞っていきます。インターネット上の情報などを参考にしながら、会社の信頼性を重点的に見ていきます。

最後ステップ3では、最終的に選んだ3社に見積もりを依頼します。もらった見積りをもとに、各社の見積り内容や対応などを比較し、自分の希望に合った会社を1社に決めていきます。最後の1社には、契約内容や補償内容、アフターサービスの内容までしっかり説明してもらい、十分に納得してから契約するようにします。

◆ステップ1：リフォーム業者を10社選ぼう

ではさっそくステップ1として、リフォーム業者を探していきます。はじめは深く考えず、「好き」「いい感じ」などと直感で選んで構いません。あれこれ考えずに、気になるリフォーム会社をどんどん選び、リスト化していきましょう。

リフォーム業者を探す方法としては、主にインターネットから探す方法、雑誌から探す方法、知人に紹介してもらう方法の3つがあります。これら3つの中でも一番安心なのは、すでにリフォームを経験したことのある知人などから良心的なリフォーム会社を紹介してもらうことですが、そんな都合のいいことはなかなか起こりません。ですから、インターネットや雑誌などからリフォーム会社を探してみるのが、手っ取り早くかつ現実的な方法だと言えます。

また、インテリア雑誌などに掲載されているリフォーム会社の中から、自分の好きなテイストのインテリアを手がけているリフォーム会社に問い合わせるのもいい方法です。ただし、雑誌で見つけた後はインターネットなどで会社名を再検索し、どのような評判なのかをきちんと確認しておく必要があります。

ちなみに、街のスーパーやホームセンターの中にあるリフォーム相談窓口については、本書ではおすすめしません。理由はすでに述べた通りですが、襖の張り替えや障子の張り替えなど、失敗してもほとんど影響がない少額リフォームであれば大丈夫でしょう。

ひと通り探し終えたら、気になるリフォーム会社リストの中から、10社までに絞ってみてください。リストにした会社数が10社以下であれば、ここは飛ばしても構いません。10社に絞る際には、次の5つの点を重点的に考えながら選んでいきます。

1：リフォーム会社に対する口コミや評判

気になるリフォーム会社の口コミや評判を確認してみてください。インターネットを使えば、Googleビジネスプロフィールやまとめサイトなどに掲載されているのを見つけることができるでしょう。知人などから評判が聞ける場合は、知人からの口コミも参考になります。インターネットに掲載されている口コミや評判は、すべてが信用できるものとは限りませんが、あまりに酷い口コミばかり見つかる場合は、要注意です。また、1章でも触れたように、自作自演の口コミやサクラによる口コミがありそうなところも気をつけてください。あまりに酷いところだけを省き、リフォーム会社を絞っていきましょう。

2：施工事例

施工事例はとても参考になるので、ぜひじっくり見てください。リフォーム会社が公開している施工事例をみると、会社によって得意なスタイルがあるなど、会社ごとに異なる傾向を発見できると思います。

例えば北欧系の仕上げが得意なところもありますし、水回りやキッチンリフォームが得意なところ、小さなリフォームが得意なところ、フルリフォームが得意なところなどさまざまです。施工事例をたくさん公開しているところは、それだけ依頼するお客様が存在するという意味でも信用できます。ただし、いくら施工事例が多くても、数年前からまったく更新されていない会社や全国展開している会社などは気をつけてください。特に全国展開しているリフォーム会社の場合は、施工事例を全社で共有していることが多いです。全国展開しているリフォーム会社であれば、自分の地域を担当する店舗が施工した事例を探すようにしてください。

3：施工可能エリア

リフォーム会社を探す際に見落としがちなのは、施工可能エリアです。

どうしても施工事例やリフォームの費用などで会社を選んでしまいがちですが、いいと思った会社をよく見たら対応してもらえないエリアだったなんてことにならないようにしましょう。

たとえ施工可能エリアだったとしても、リフォーム会社が施工現場から遠くなればなるほど、工事の際の交通費が高くなります。どうしてもこの会社に依頼したいという要望があれば話は別ですが、そこまでこだわりがない場合は、交通費のことも考えておくといいでしょう。

目安として、業者の移動時間が片道1時間30分くらいになる会社を選ぶといいと思います。

4：リフォームの費用

リフォームで最も気になるのが、お金のことです。

この段階では、各会社が公開している施工事例の金額などが参考になります。もちろん、実際に見積りを依頼してみなければ自宅のリフォームがいくらになるかはわかりませんが、予算を大幅に超えなさそうかどうかの見極めだけでもしておきましょう。

ただし、間違っても「安さ」だけで選んではいけません。結果的に安くリフォームができれば嬉しいですが、安さに飛びついてしまうと、思わぬ落とし穴にはまってしまうことがあるからです。その落とし穴がどういうことかは、これまでにお話ししてきているのでおわかりだと思います。

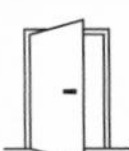

5：会社の実態

最後に、リフォーム会社の実態も調べておきましょう。口コミや評判を確認していれば自然に出てくると思いますが、店舗が存在しない会社や営業しているかどうかがわからない会社だと不安ですよね。万が一のトラブルを避けるためにも、営業の実態を調査しておいてください。

◆ステップ2：業者を10社から3社に絞る

リフォーム業者を10社まで絞ることができたら、そこからさらに3社に絞ります。なぜ3社に絞るかというと、ここからは見積りを依頼し、各会社からの提案を受ける段階に入っていくからです。要するにステップ2は、見積りを依頼するための会社選びということです。

一括見積りサイトなどを利用すると、一斉に見積りが届いてしまうので対応しきれなくなりますので、すべての会社と丁寧にやりとりしようとは思わず、3社程度に絞っておいて、見積りがしっかり確認できるような状況を作るのです。

一度に沢山の会社と話を進めると、どの会社と何を話したかが分からなくなり、後で言った言わないのトラブルに発展することもあります。また、リフォーム業者の中には、「たくさん比較している（相見積りをしている）人だから、優先順位を低めにしよう」と、真剣に対応してもらえない事もあります。ですから、こちらからも真剣度を伝えるために意思表示が必要になります。

リフォームは、新築の工事と違って劣化した建物の工事です。新しいモノを組み立てるわけではなく、見えている部分はモチロン、内部の劣化も想定しながらリフォームは計画します。新築の場合はゼロからのスタートですが、リフォームはマイナスからのスタートなわけです。内部劣化は想定しているものの、内部を開けてみて、思わぬ劣化が発覚することもあります。ですから、決してマニュアル通りにはいかず、知識と経験を持ち寄り、お客様の希望する予算内でいかに満足できるリフォームになるかを真剣に考えていかなければなりません。

ですから、リフォームを実際に行う側の大変さや真剣さを汲み取り、依頼する側も真剣に考えているという姿勢を見せるほうが、結果的にいいリフォームになっていくはずなのです。

ちなみに見積りを依頼する会社を3社に絞るときは、次のような業者比較シートが役に立ちます。施工事例や施工可能エリアなど、おおよその情報はすでに調べてあるでしょうから、ステップ2ではもう少し細かく各会社の情報を調べていきます。図23の業者比較シートを使って、1〜8までの項目を埋めてみてください。9〜16の項目はステップ3で使用しますので、まずはインターネットでわかる範囲で書いていきましょう。

◆ステップ3：3社に見積りを依頼し、1社に選ぶ

ステップ2で見積りを依頼する3社を絞ることができたら、ステップ3では実際に見積りを

図23：業者比較シート（ステップ2では1〜8まで）

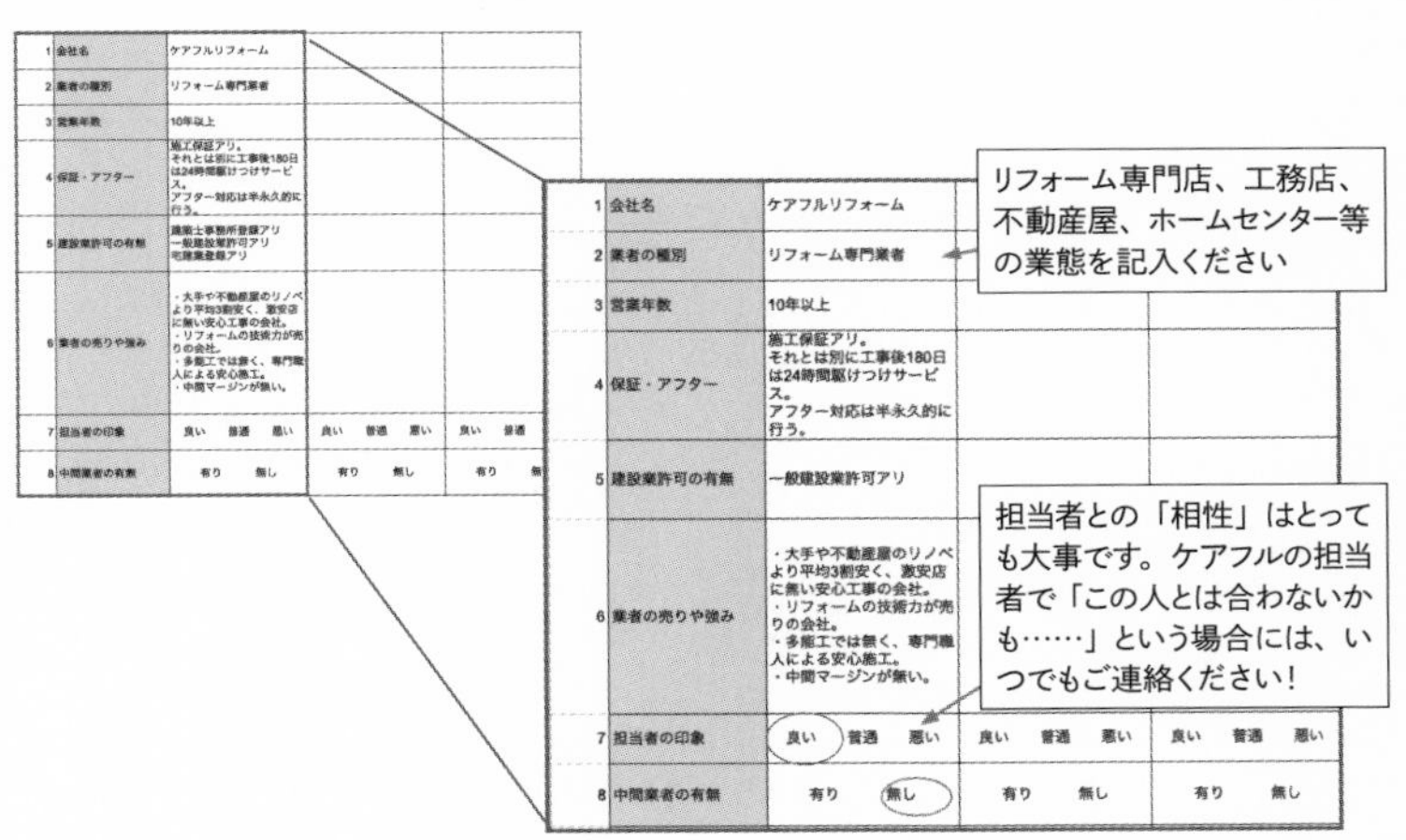

	項目			
1	会社名	ケアフルリフォーム		
2	業者の種別	リフォーム専門業者		
3	営業年数	10年以上		
4	保証・アフター	施工保証アリ。それとは別に工事後180日は24時間駆けつけサービス。アフター対応は半永久的に行う。		
5	建設業許可の有無	一般建設業許可アリ		
6	業者の売りや強み	・大手や不動産屋のリノベより平均3割安く、激安店に無い安心工事の会社。・リフォームの技術力が売りの会社。・多能工では無く、専門職人による安心施工。・中間マージンが無い。		
7	担当者の印象	良い　普通　悪い	良い　普通　悪い	良い　普通　悪い
8	中間業者の有無	有り　無し	有り　無し	有り　無し

依頼し、各社と実際に話をしていくことになります。ステップ3について詳しくはP154の【最後の1社を決めよう。リフォーム業者へのうまい頼み方教えます】の中で説明していきますから、ここでは簡単にやることだけを紹介します。

見積りを依頼する3社を絞ったら、3社それぞれに連絡を取り、リフォームの見積りをお願いしましょう。見積りを依頼すると、おそらく各社から連絡がありますから、各会社の説明どおりに対応してください。

見積り依頼後から契約までの大まかな流れは、見積り依頼→リフォーム業者からの連絡→現地調査→見積り提示→打ち合わせ（数回）→契約という流れになります。この一連の流れの中で、

図24：業者比較シートの残りを埋めていく

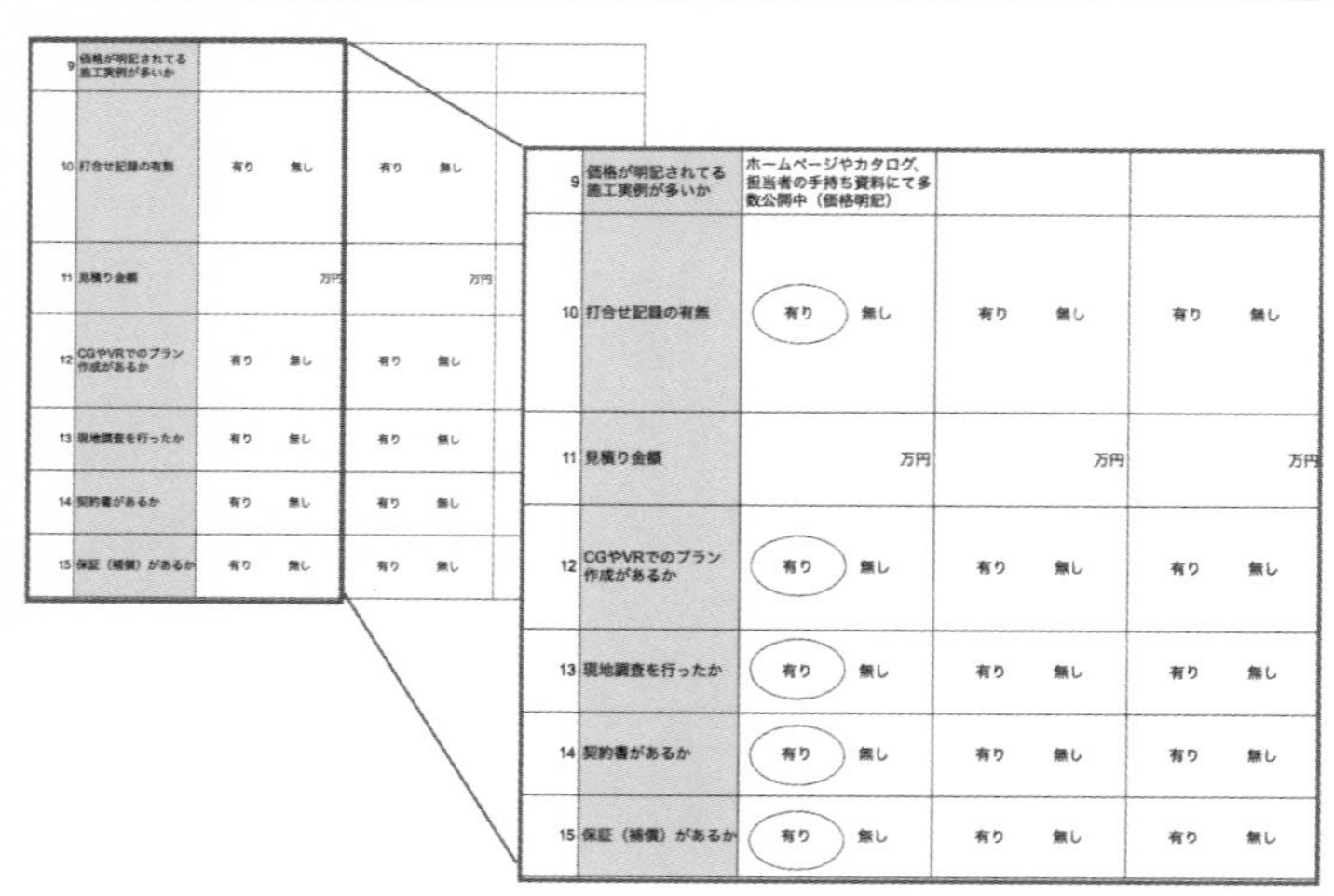

9	価格が明記されてる施工実例が多いか	ホームページやカタログ、担当者の手持ち資料にて多数公開中（価格明記）		
10	打合せ記録の有無	有り　無し	有り　無し	有り　無し
11	見積り金額	万円	万円	万円
12	CGやVRでのプラン作成があるか	有り　無し	有り　無し	有り　無し
13	現地調査を行ったか	有り　無し	有り　無し	有り　無し
14	契約書があるか	有り　無し	有り　無し	有り　無し
15	保証（補償）があるか	有り　無し	有り　無し	有り　無し

先ほどステップで使用した業者比較シートの残りの項目を埋めながら、最も自分たちに合う会社を決めていきます。

◆業者から話を聞くときは、提案力に注目する

見積り依頼をすると、おそらくほとんどの業者が見積りのために現地に来てくれます。その際も、実は業者の良し悪しを見極めるチャンス。いろいろな相談や質問を投げかけ、相手の提案力を見極めましょう。

相手の提案力を見極める上でおすすめなのは、今自分たちが困っていることを相談することです。例えば、「この家は、冬になるととても寒くなるから、どうにかなりませんか」と相談するとします。すると、大抵その場で解消するための提案をいくつかしてくれるはずですが、自社の商材を売りたいだけの業者だと、「外壁塗装を変えると、あったかくなりますよ」と、あえて高額なリフォームを勧めてきます。

実のところ、外壁塗装を変えたところで体感温度はさほど変わりません。そんなことをするくらいなら、断熱材をしっかり入れたり、窓を二重サッシにしたりするほうがよほど効果があ

ります。

その場で瞬時に業者の提案力を見極めるのは難しいかもしれませんが、何を言われたかをきちんとメモしておき、後から適切な提案をしてもらえたかどうかを振り返ってみるといいでしょう。提案内容となぜそうした方がいいのかという根拠をセットで尋ねるようにすると、おもしろいほど業者の知識や経験値が浮き彫りになります。

SECTION 03 良心的なリフォーム業者を見分けるポイント

◆自分に合う業者を見極めよう

数多くのリフォーム業者から良さそうなところを探し出すのはとても大変です。どんな対応をしてもらえるかは、実際に連絡をしてみなければわかりませんが、仮に最初の印象が良かったとしても、最後までいい対応をしてもらえるかどうかは工事が終わってみるまではわからないものです。

とはいっても、いくつか業者の良し悪しを見極めるポイントはあります。ここではそのポイントについて順番に紹介していきます。

◆経験と知識があるスタッフが多くいるか

リフォーム工事は、新築工事とは異なり教科書通りの現場ばかりではありません。専門的な知識に加え、状況に応じた判断も必要になるため、その判断の根拠となる豊かな経験値が求められます。ですから、対応してくれる担当者の経験や知識が十分にあるかどうかは、最初に見極めたいポイントです。

しかし、場合によっては担当者として知識や経験の若いスタッフが担当になることもあります。その場合は、担当者の若さだけを見て「ダメだ」と決めつけるのではなく、その会社内において若手の担当者にも十分なサポート体制がありそうか、あるいは経験豊富なベテランが存在しているかどうかを確認してみてください。また、会社の方針として技術の向上に注力しているかどうかも重要なポイントです。会社の売りに技術力の高さが挙げられるところは、安心してもいいのではと思います。

その反面、家電量販店やスーパーなどの異業種系のリフォーム会社は技術力や担当者の知識や経験値に不安があります。特にホームセンターのリフォーム窓口は、リフォームの専任がいるわけではなく、売り場スタッフが対応することも多々あります。売り場スタッフは、マニュアル通りにプランを説明し、あとのことは専門の職人にお任せして終わりですから、専門的なアドバイスを求めようとしても無理というものです。このような現実を踏まえても、リフォームは、原則リフォーム専門業者に依頼するのが、手抜きなく安心なリフォームを行うためにも大切なことといえます。

◆施工事例がきちんと掲載されているか

リフォームで大事なのは、価格だけではありませんよね。

どのようなデザインになるのか、空間を決めるデザインも気になるところだと思います。そんな時に参考にしたいのが、各会社の過去の施工事例です。ステップ2のところでも説明したように、リフォーム会社はそれぞれ得意なテイストがあったりもしますから、自分のイメージするデザインを手掛けてもらえそうか、過去の施工事例で確認してみてください。

施工事例を掲載しているところは、施工内容だけでなく価格が掲載されている場合も多いです。価格とデザインの事例があれば、自分たちのリフォームのイメージも湧きやすいのではないでしょうか。施工事例が全く掲載されていないところよりは、事例がたくさん掲載されているところの方が、信用度は高いです。

施工事例は、すべてのお客さんの事例が掲載されるわけではなく、必ずお客様の許可をとった上で公開しているはず。ということは、お客様がそのリフォームに満足していなければ、事例として公開されることを許可しないはずです。ですから私は、施工事例の豊富なところは、ある程度信用できる業者だと見てもＯＫだと捉えています。

ただし、いくら施工事例が多くても、全国展開しているリフォーム会社の場合は、他の地域のいい実績だけを抜粋して掲載していることもありますから注意が必要です。また、あり得ないことですが、他社の施工事例を無許可で引用して自社の施工事例として掲載している悪者もいます（実際、ケアフルリフォームでも自社事例を他社に引用された経験があります）。したがって、「事例があるから安心！」と思い込むのは危険ですが、ある一定以上の信用はできるという感覚で判断してみてください。

◆リフォーム業者紹介サイトや、一括見積りサイトには注意

リフォーム業者を探す場合、業者の紹介サイトや一括見積りサイトなどいわゆる「仲介サイト」には気をつけてください。本書ではしつこく紹介していますからもう大丈夫だと思いますが、仲介サイトの運営は、基本的に高額な中間マージンを搾取することで成立しています。その中間マージンはどこに含まれるかというと、お客様のリフォーム代に含まれるのです。

仲介サイトには「無料でリフォーム工事費用から、リフォーム会社を紹介!」というサイトを見かけますが、実際はあなたが支払うリフォーム工事費用から、3~20%の費用を中抜きすることで成立しています。ですから、その分リフォーム代が高くなったり、安くて質の悪い業者が工事を行うことになったりすることに繋がるのです。

◆不動産屋からリフォーム業者を紹介されたとき

中古住宅やマンションを購入してリフォームを行う場合などに多いのですが、不動産屋からリフォーム業者を紹介されることがあります。要するに業者の斡旋をしているわけですが、こ

れには十分注意が必要です。不動産屋は、リフォーム業者から代金の5~10%前後の中間マージンをもらえるという理由で業者を勧めてきているだけだからです。

悪質な事例になると、指定するリフォーム業者でなければいけないなどと条件をつけてくるケースもあるようですが、そのような無理な条件が提示されるようなら、不動産の購入自体も考え直したほうがいいくらいです。

◆堂々と発信しているところは、信じてもいい

リフォーム業者はいくつもありますが、積極的に発信している業者は比較的安心できる業者です。もちろん、見積りの内容や提案内容はしっかり吟味しなければなりませんが、実績や事例を出しながら情報発信をしている業者は、ある意味嘘をついていないともいえます。

もちろん、すべての業者が誤魔化していないとは言い切れませんが、少なくとも事例や実績を誤魔化したり、許可なく公開していれば、口コミやコメントが荒れてしまいます。特に社長が顔を出してPRしているような業者は、サービスや技術に対してそれなりに自信があるからこそそのような発信をしているのです。

インターネットの情報を鵜呑みにするのはおすすめできませんが、実績や事例、あるいは中の人たちが見える発信を行なっている業者に関しては、ある程度信用してもいいのではないかと思います。

SECTION 04

最後の1社を決めよう。リフォーム業者へのうまい頼み方教えます

ここでは、ステップ3で行うことについて詳しく説明していきます。

見積りを依頼する業者を3社に絞ったら、いよいよパートナーとなる1社を決める段階です。

各業者に見積りを依頼したら、まずは現地調査を行なってもらいましょう。

◆見積りをもとに、パートナーとなる1社を決める

現地調査とは、言葉のとおりリフォーム現場を下見してもらうことです。リフォーム工事は新築工事と違い、家の見えない部分まで劣化状況を想定しなくてはいけませんので、事前に業者に現地まで来てもらい調査や採寸を行うのです。「現地調査の費用はいくらですか」と質問されることもありますが、普通は無料で行なってもらえるものです。よっぽどないと思いますが、もし業者から現地調査を提案されなかった場合は、こちらからお願いしてみてください。間違

っても、現地調査を行わずに見積りをしてもらうようなことは絶対にやらないでください。そもそも現地を見ずに見積りを出すことなど不可能ですが、対応の悪い業者だと、現地を見ていないにも関わらず、平気で見積りを出してくるところもあります。

現地調査をせずに出した見積りをもとに工事を行った場合、「見積りの時点では現地を見ていないので」と、後から次々に高額な追加費用を請求される恐れがあります。

もう一つ、補足しておきたいことがあります。

それは、「売主さんの都合で……」という理由で、不動産屋から現地調査の時間を都合してもらえない場合です。これも、前項で紹介したのと同様に、物件購入の際にリフォームもしたいというお客様でよくあるトラブルです。

一般的に考えれば、物件購入に伴うリフォーム内見は当たり前のことですが、不動産屋や売主の中には、調整のために付き合うことを面倒くさがって対応しないところがあります。

リフォーム契約前の現地調査は絶対に行うべきですから、もしもできないのであれば、購入そのものを考え直したほうがよいかもしれません。どうしても物件を諦められないのであれば、物件の契約後にリフォーム内見する事を必ず伝えておきましょう。

◆現地調査は、業者を見極めるチャンス

現地調査は、直接対面で業者と接する最初のタイミングです。ですから、業者の対応や知識や人柄を見極めるチャンスと考え、さまざまな質問を投げかけてみましょう。例えば次のような質問は、業者の知識や実績、対応力などを見極めるのにおすすめです。

【業者の知識を見極める質問】

「リフォームの工事は、どんな感じで進んでいくのですか?」
「リフォームの工事期間と流れはどのようなイメージですか?」

リフォーム工事の大まかな流れを質問して、リフォーム工事に関する基本的な知識等を理解しているか確認してみましょう。工事の流れの説明がスムーズにできなかったり、説明を面倒くさがったりする場合は、担当者として問題ありと考えてもいいでしょう。逆に、この時の説明でわかりやすくかつ丁寧に説明してくれる相手であれば、実際に契約した後も丁寧に対応してもらえる可能性が高くなります。

【業者の実績を見極める質問】

「あの施工事例について聞きたいのですが」
「あの事例のお宅にあった○○の部分ですが」

現地調査の日までにその会社が過去に行った施工事例に目を通しておき、事例について質問してみましょう。施工事例は実際に自分たちで行った工事ですから、事例に関するエピソードをきちんと語れるはず。もちろん、その家の個人情報などは教えることができませんが、話せる範囲内であればきちんと教えてもらえます。

施工事例に関する質問は、自分たちが行った工事に興味関心を持ってもらえていると感じますから、業者側も喜んで教えてくれる場合が多いです。その反面、事例に関する話を避けたり曖昧にしたりする場合は、施工事例を他社から盗用して掲載している可能性があります。自分が担当したものではないのでわからないと言われた場合は、わかる人に聞いてみたいと言い、その対応を見極めるのもアリです。

【業者の対応力を見極める質問】

「リフォームの時の挨拶や申請は、お任せできますか？」

「リフォームの契約書は交わしていただけるのですか？」

業者の対応力を確認するために、工事内容には直接関係のないことも聞いてみてください。ぜひ聞いておきたい質問は、契約書をきちんと交わしてもらえるかということと、工事に伴う手続きなどを代行してもらえるかです。

業者の中には、小さい（安い）工事だからといって契約書を交わさずに工事をしようとするところもあります。ですから、必ず契約書を交わしてもらえるかどうかを確認しておいてください。また、見落とされがちですが、リフォーム工事の際の近隣住民に対する対応も忘れてはいけません。迷惑をかけずに行えるといいのですが、トラックや重機の出入りがあったり、工事の際の騒音が発生したりします。施主自身も一言挨拶に行けると丁寧ですが、リフォーム業者側からも挨拶があるとトラブルになりにくくなります。また、場所や内容によっては行政への申請手続きが必要になることもあります。このような工事に付随するさまざまなことも、嫌がらずに対応してもらえるかどうかを事前に確認しておくといいでしょう。

◆見積りが完成したら「必ず」内容説明は受ける

業者に現地調査をしてもらい、見積りが送られてきたら、必ず見積り内容の説明を受けてください。見積りの合計（概算）金額が気になるところですが、見積りの内容がしっかりしていなければ、概算金額はアテになりません。3章で解説したようなずさんな見積りになっていないかどうかを細かく確認してみてください。見積りの見方については、5章で改めて詳しく解説していきます。

◆不安なら見積りを信用できそうな所にみてもらう

業者からもらった見積りを見てもよくわからない、あるいはこれでいいのか不安だと思われる場合は、信用できそうな他の会社に見てもらうのもアリです。

見積りを他の業者に見せるのはマナー違反ではないでしょうかという質問をいただくときもありますが、わかりにくいブラックボックスのような見積りを出してくる業者側にも問題がありますから、お互い様だと考えていいと思います。少しでもおかしいと感じる部分があれば、まずはその見積りを出してきた業者に問い合わせるのが基本ではありますが、どうしてもという場合には他社にも見てもらいましょう。

◆見にくい見積りは信用しない

先ほど、もらった見積りに対して不安に感じたら他社に見てもらうのもアリだと言いましたが、そもそも見にくい見積りを出してくるような業者を信用しないという方針をとるのもいいです。

これまで本書で掲載してきたような、一式表記ばかりの見積りや各部位ごとの工事がまとまっていない見積りなどは信用できません。あえてわかりにくい見積りを作成し、ごまかそうとしている下心が見えています。

くどいようですが、見積りは建築やリフォームに関する知識をまったく持たない素人が初めて見ても十分理解できるレベルの、わかりやすい見積りでなければなりません。リフォーム工事を行う箇所を、部位ごとあるいは部屋ごとに分けて記載されている見積りをもらうようにしてください。

◆自分の接し方次第で業者は心強い味方になる

リフォーム業者は、それぞれ会社によって得意なことが異なります。ですから、自分たちのイメージしているものをしっかり伝えられるように、雑誌の切り抜きや写真などを見せるなどして、対応できるかどうかを確認しておくといいでしょう。

自分たちの希望を叶えるにはどうしたらいいかという提案をもらいつつ、担当者との相性を見極めていきます。

ただし、その際に高圧的な態度は厳禁です。中には「頼んでやってるんだから」「さっさとやってくれよ」などと口にしたり、まるで自分の部下を扱っているかのような横柄な態度を取ったりする人もいますが、そのようなことをすると自分たちにとってもマイナスです。誠実に対応してくれる業者ほど、リフォーム後のいわれのないクレームでトラブルになることを恐れ、対応しないからです。

リフォーム業者とはいえ、人と人とのコミュニケーションを大切にして、あくまで対等な立場として向き合うと、親身に考えてくれます。型通りの提案ではなく、自分たちに合った最適なプランを考えてほしいと思うならなおさら、業者と向き合う姿勢は気をつけたほうがいいでしょう。

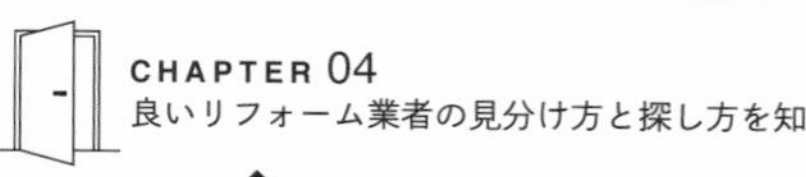

SECTION 05

だまされないための リフォーム業者への対策

◆業者選びを面倒くさがらない

リフォーム業者の言いなりにならないためにも、概算見積りだけで判断することは絶対にやめましょう。中には、複数の業者に現地調査に来てもらうのが面倒だから一括見積りでさっさと業者を決めてしまいたいと思う人もいますが、一括見積りで送られてくる概算見積りだけで業者を比較するとロクなことになりません。ですから業者選びを適当にせず、必ず現地調査を行ってもらったうえで、しっかりと比較しましょう。

◆自分との相性も大切にする

現地調査の際やリフォームの担当者が、あなたの要望をちゃんと聞いてくれるかどうかは、とても大切なことです。担当者がメモをきちんと取りながら話を聞いてくれているかどうか、あなたの話に耳を傾けてくれているかどうかを確認し、安心して任せられるかどうかを見極めてください。

実際に契約を交わしてから工事が完了するまでの長い期間、目の前の相手といろいろなことを話し合いながらリフォームを行なっていかなければなりませんから、信用できない相手や不安を感じる相手ではいけません。会社の信用性を確認するのはもちろんですが、「この人だったら心を開いて相談できそうだ」という、直感的な相性も無視できません。

CHAPTER 05

悪質リフォーム業者にだまされない概算値段教えます

SECTION 01

リフォーム業者にだまされない見積りの読み方

◆見積りをもらったら最初に確認すべき3つのこと

ステップ3では見積りを依頼した3社から1社に絞るようにお伝えしました。ここでは、見積りを受け取ったあとにやることについて詳しく説明していきます。

見積りをもらったら、つい一番大きく書いてある概算金額を見てしまいがちですが、最初に見るべきところはそこではありません。見積りをもらったら最初にすべきことは、備考欄の確認と中間会社の存在の確認、そして見積り書全体の構成の確認の3つです。

まず備考欄について説明します。

リフォームの見積りでは、一枚目の見積りの目立つところに概算金額が記載されていることが多いのですが、その下のほうにある備考欄などを確認してみてください。見積りにおける備考欄とは、見積り書全体の注意事項や補足説明が記載されるスペースです。見積りを作成した際の前提条件や納期、有効期限のほかに、支払い期限や支払い方法、変更の可能性の有無などが記載されています。

この備考欄の中に、「追加工事」に関する記載がないかどうかを確かめてみましょう。おそらく追加工事を前提とした見積りが提示されるでしょうから、追加工事に関する文言の記載があっても構いません。リフォーム工事における追加工事は発生しても仕方がないことですから、むしろ記載すべき文言です。

ではなぜ「追加工事」の記載の有無を確認するのでしょうか。それは、追加工事の費用を請求すればいいとばかりに、見積りの内容がうやむやにされていないかどうかを確認するためです。また、反対に追加工事に関する記載がない場合もあります。その際は、特に注意して見積りの内容を確認しておかないと、不足する材料や工事があっても文句を言うことができなくなってしまいます。

追加工事を想定する記載がない上に、明らかに工事内容が不足しているような見積りの場合は、問題外だと思ってください。

備考欄を確認したら、次に中間会社の存在を確認してください。大手リフォーム会社の見積り解説のところでも触れましたが、大手リフォーム会社や全国展開しているようなリフォーム業者だと、窓口対応だけを行い下請け業者に丸投げしていることがあります。

リフォーム業界における下請け構造はもはや業界全体の問題ですから仕方のない部分もありますが、下請け会社に委託するということは、中間会社による中抜きがあるということです。中間会社による中抜きの分は、最終的にあなたが支払うリフォーム代に上乗せされます。ですから、少しでも損をしたくない場合は、中間会社から中抜きされない業者に依頼することも考えてみましょう。すでに紹介しましたが、一括見積りサイトなどの業者の仲介サイトは、確実に中抜きされる仕組みであったことも思い出してください。

3つめは、見積り書全体の構成の確認です。これは、業者によって見積りの作り方はさまざまですが、少なくとも見積り全体が一覧になっている「概要」と、該当箇所の「内訳」がそれぞれ用意されているものがいい見積りです。記載方法がめちゃくちゃで、どこの部分の価格なのかがはっきりわからないような見積りは、ダメな見積りの典型例。万が一そんな見積りを差し出されたら、「これではよくわかりません」と言って作り直してもらいましょう。見積りをお願いして嫌な顔をされてしまった場合は、業者を変えても問題ありません。

◆見積りの内容で確認するところ

最初に確認すべきことを見終えたら、次に見積りの内容を細かく確認していきましょう。見積りの内容を確認する際に押さえておきたいことは全部で6つです。「契約の条件」「会社に関する情報」「リフォームの内訳」「管理費用」「処分費用」「諸経費」をそれぞれチェックしていきます。

【契約の条件】

見積りに書かれている、支払い条件や想定される工事期間、見積りの有効期限、補償について確認しておきましょう。特に気にしておきたいのは、リフォーム代金の支払いについてです。支払い条件は業者によってさまざまで、リフォームの内容によっては着手金を支払う場合もあります。少額リフォームの場合は、工事が終わってから一括で支払うことも多いですが、100万円以上のリフォームや大規模なフルリフォームなどは、着手時、中間時、完了時と2～3回に分けて分割払いを選択する人が多いです。

お客様によってはリフォームローンを活用してリフォームを検討する人もいると思いますが、支払いのタイミングがいつになりそうかをあらかじめ把握しておくことで、支払い計画も立てやすくなります。ちなみに、500万円を超え、現金支払いなのに完了時一括払いになっている業者には注意してください。その会社がどんぶり勘定で経営している可能性が高いですし、見積りもいい加減な傾向があります。

工事期間の確認では、もし期間内に工事が終わらなかった場合のことを考えます。リフォームの内容によっては数日で終わる工事もあれば数ヶ月かかる工事もありさまざまですから、業者が提示する工事期間のとおりでおそらく大丈夫でしょう。しかし、何らかの事情によって工事が延期になったりした場合、どのような対応をしてもらえるかを事前に確認しておかないと、トラブルに発展する可能性があります。工事期間を確認する際は、工事期間よりも「工事が期間内に終わらない場合」を想定し、どのような対応をしてもらえるのかを業者に尋ねてみてください。万が一工事が延期になる場合は、延期になることが確定した段階で打ち合わせ記録などの書類を残してもらわなければならないことも忘れないようにしましょう。

忘れがちですが、工事における補償についてもしっかり確認しておきましょう。リフォームに関する補償には、工事の最中にリフォーム会社が倒産した場合などに使う瑕疵（かし）保険、工事中に器物損壊等が発生した場合の建築保険、さらに設備に対する設備補償などがあります。リフォーム業者によって加入している保険が異なりますので、すべての補償が受けられるとは限りませんが、建築保険や設備補償などは、最低限つけてもらいたい補償です。特に設備補償に関しては、外装や内装別、あるいはリフォームの部位ごとに補償が受けられるかどうかも確認しておきたいところです。

【会社に関する情報】

会社に関する情報を確認する際は、リフォーム業者が建設業許可を取得しているかどうかを確認しておきましょう。小規模（少額）のリフォームであれば、届出は不要ですが、できる限り建設業許可を取得している業者に依頼したほうが安心です。

また水回りや電気工事などは、事故を防ぐためにも必ず資格を取得している業者に依頼するように注意しておきましょう。

【リフォームの内訳】

続いて確認するのは、リフォームの内訳です。

例えば和室と洋室、水回りをリフォームする場合であれば、各部屋別に見積りが作成されているかを確認し、さらに各部屋の工事内容や材料なども確認していきましょう。

次の見積りは、ケアフルリフォームが作成したマンションフルリフォームの見積りです。先頭に概要をまとめた見積りがありますが、2枚目からはきちんと各部屋の内訳に関する見積りがあります。イメージしやすい部位として、トイレのリフォームに関する内訳を見てください。

トイレのリフォームでは、トイレ本体の費用とドア、床材、天井と壁のクロス、床と壁の間に設置する巾木といったリフォームに必要な「材料」の項目が記載されており、それぞれ必要量と単価、合計金額が記載されています。

さらに、工事費用として、既存の便器を撤去し、新しい便器を設置する費用、それからドアの交換費用などの「工事」の項目があります。そして最後に、トイレのみのリフォームに必要となる合計金額です。

このように、各部屋別にすべて工事内容が記載されているかどうかを確認し、不足がないかどうかをチェックしてみてください。内訳をしっかり見せてもらうことで余分な費用が隠されていないかどうかを確かめられますし、予算の都合でリフォームの内容を見直し価格を調整したいときに、何をどうすればいいかがわかりやすくなります。リフォームプランを考えやすくするためにも、施主側として内容に納得かつ安心するためにも、わかりやすい見積り書は絶対

図25：ケアフルが作成したマンションフルリフォームの見積り

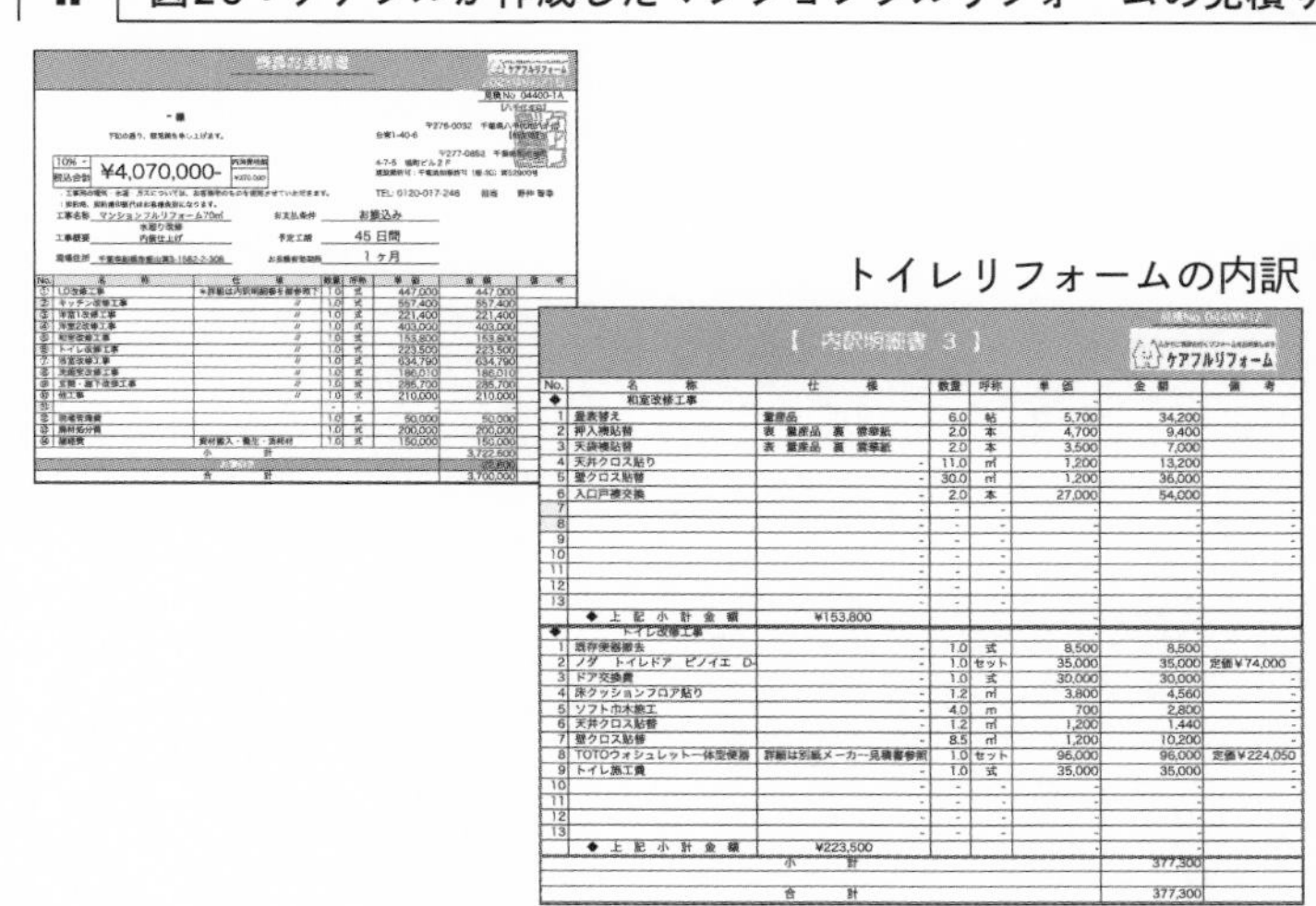

ケアフルリフォーム

見積No 04400-1A

様

TEL 0120-017-246

税込合計 ¥4,070,000-

工事名称 マンションフルリフォーム70㎡

お支払条件 お振込み

工事概要 水廻り改修 内装仕上げ

予定工期 45日間

No.	名称	仕様	数量	呼称	単価	金額	備考
①	LD改修工事	＊詳細は内訳明細書を御参照下	1.0	式	447,000	447,000	
②	キッチン改修工事	〃	1.0	式	557,400	557,400	
③	洋室1改修工事	〃	1.0	式	221,400	221,400	
④	洋室2改修工事	〃	1.0	式	403,000	403,000	
⑤	和室改修工事	〃	1.0	式	153,800	153,800	
⑥	トイレ改修工事	〃	1.0	式	223,500	223,500	
⑦	浴室改修工事	〃	1.0	式	634,790	634,790	
⑧	洗面室改修工事	〃	1.0	式	186,010	186,010	
⑨	玄関・廊下改修工事	〃	1.0	式	285,700	285,700	
⑩	[illegible]	〃	1.0	式	210,000	210,000	
⑪			-	-	-	-	
⑫	[illegible]		1.0	式	50,000	50,000	
⑬	廃材処分費		1.0	式	200,000	200,000	
⑭	諸経費	資材搬入・養生・消耗材	1.0	式	150,000	150,000	
	小計					3,722,600	
	[illegible]					[illegible]	
	合計					3,700,000	

トイレリフォームの内訳

【 内訳明細書 3 】

ケアフルリフォーム

No.	名称	仕様	数量	呼称	単価	金額	備考
◆	和室改修工事				-	-	
1	畳表替え	量産品	6.0	帖	5,700	34,200	
2	押入襖貼替	表 量産品 裏 普華紙	2.0	本	4,700	9,400	
3	天袋襖貼替	表 量産品 裏 普華紙	2.0	本	3,500	7,000	
4	天井クロス貼り	-	11.0	㎡	1,200	13,200	
5	壁クロス貼替	-	30.0	㎡	1,200	36,000	
6	入口戸襖交換	-	2.0	本	27,000	54,000	
7		-	-	-	-	-	-
8		-	-	-	-	-	-
9		-	-	-	-	-	-
10		-	-	-	-	-	-
11		-	-	-	-	-	
12		-	-	-	-	-	
13		-	-	-	-	-	
	◆ 上記小計金額	¥153,800			-	-	
◆	トイレ改修工事				-	-	
1	既存便器撤去	-	1.0	式	8,500	8,500	
2	ノダ トイレドア ピノイエ D-	-	1.0	セット	35,000	35,000	定価¥74,000
3	ドア交換費	-	1.0	式	30,000	30,000	-
4	床クッションフロア貼り	-	1.2	㎡	3,800	4,560	-
5	ソフト巾木施工	-	4.0	m	700	2,800	-
6	天井クロス貼替	-	1.2	㎡	1,200	1,440	-
7	壁クロス貼替	-	8.5	㎡	1,200	10,200	-
8	TOTOウォシュレット一体型便器	詳細は別紙メーカー見積書参照	1.0	セット	96,000	96,000	定価¥224,050
9	トイレ施工費	-	1.0	式	35,000	35,000	-
10		-	-	-	-	-	-
11		-	-	-	-	-	
12		-	-	-	-	-	
13		-	-	-	-	-	
	◆ 上記小計金額	¥223,500			-	-	
	小計					377,300	
	合計					377,300	

に必要です。

【管理費用】

内訳をしっかり確認できたら、リフォーム工事全体を管理するための費用も確認しておきましょう。リフォーム工事の管理費用に含まれるのは、工事の進捗確認や施工管理・スケジュール調整等を行う現場監督の人件費などのことを指します。いわゆる、工事が予定通りに行われるようにするための費用です。

施主側からすれば、施工管理費用の必要性がよくわからないかもしれませんが、工事全体が予定通りに行われているかどうかだけでなく、設計通りの工事が行われているかどうかも都度確認していかなければいけないため、施工管理は実はとても重要な仕事なのです。

万が一、工事に不備があったり職人が手抜きをしていたりした場合は、それらを是正するのも施工管理を行う人の仕事の一つになります。

【処分費用】

新築と違い、リフォームは古いものを新しく入れ替えたり、作り直したりすることですから、当然古い建物から「ゴミ」が出ます。処分費用は、リフォーム工事で出たゴミを処分するための費用です。

処分費用自体は必要になるものですが、見積り項目の中に処分費用が重複している場合も見受けられますから、そのようなことがないように確認してみてください。

【諸経費】

見積りの中に存在する諸経費は、リフォームの工事には直接関係のない費用が含まれます。例えば、現場スタッフの交通費や駐車場代、書類作成に必要な費用など、いわゆるリフォーム業者の運営費用です。

諸経費はどこの業者も見積り項目に記載があると思いますが、諸経費の相場は総額の5～10%くらいまでです。仮に20%を超えることがあれば、高すぎると判断してもいいと思います。

◆見積りは何回まで修正できる？

業者とのやり取りを重ねながら具体的なリフォーム内容を固めていく間、見積りは何回くらいまでであれば修正してもらえるでしょうか。極端な話、しっかりリフォームプランが固まるまでは何度でも見積りをやり直してもらえると言いたいところですが、些細なことで見積りを作り直して確認してもらうという作業を繰り返していると、お互いに疲弊してしまいます。ですから、ある程度リフォームプランを固め、施工方法を固めてから詳細の見積りを出すことが一般的です。ですから、あらかじめ業者側へ自分たちの希望や悩み、リフォーム予算をすべて伝えておくほうが効率的です。

稀に、要望を小出しにされる方もいますが、とても非効率ですし、内容によってはプランそのものが変更になってしまう可能性もあり、また一から考え直さなければならないなんてこともあり得ます。

見積り回数は、大体2~3回の修正が目安です。これ以上多いからといって課金されるようなことはありませんが、何度もやり直しにならないように心がけましょう。

もちろん、相手がわかりにくい見積りを提出してきた場合は、話が別です。納得できるまでやり直してもらって構いません。

SECTION 02

種類別リフォームの相場とコストダウンの考え方

◆リフォームの相場とコストダウンの考え方を知ろう

見積りの内訳を確認すると、費用の妥当性が気になると思います。自分が見ている見積りの費用は高いのか安いのか、その判断をつけるためにここからはリフォームの相場について紹介していきます。

リフォームの金額は、大きくわけて設備や材料の費用と、工事費用の2つにわけることができます。例えばトイレのリフォームであれば、10万円～30万円ほどが相場だと言われています。すでに20万円分も費用に幅がありますが、トイレ本体だけを交換するのか、壁紙や床材も張り替えを行うかによって費用が異なるので仕方がありません。ですから、リフォームの相場はあくまで相場。記載されている費用と違って「おかしい」と決めつけないようにしてください。本書でも、念の為相場を記載していますが、前述のとおり費用に幅があります。ただし、異様に高いあるいは安いと感じる場合は、業者に指摘してその理由を聞いてみると安心でしょう。

また、リフォームの費用を下げたいときは、設備のグレードを下げたり壁紙や床材の種類やグレードを下げたりするほか、リフォームの内容を簡素化するといった方法でリフォーム費用を下げていくことができます。ちなみに工事費用に関しては、ほとんど下げることができないのが一般的。工事費用を値切ってしまうと、工賃の安い職人さんを手配されたり、手抜き工事が行われたりすることになりかねませんので、やらないようにしてください。

リフォームのコストダウンは、業者の提案力がかなり大きな鍵になります。ここでは、コストダウンのためのポイントを解説していきますが、提案力がない業者を選ぶとコストダウンは期待できません。それは、リフォームの金額は業者の提案内容によって大きく変わるからです。ですから、見積りや提案を出してもらう段階で、業者側にしっかり提案力があるかどうかを重視して見極めておいてください。

◆全面（フル）リフォームの場合

全面リフォームは、言葉どおり家を丸ごとリフォームすることを指します。全面リフォームですから、リフォームの総額も高額になるのが普通です。ただ、全面リフォームといっても、増改築を含むような本格的なリフォームから、間取りの変更を行うもの、間取りはそのままで内装だけを変えるものなどさまざまあります。

また、リフォームを行う住宅のタイプによっても費用が異なります。

具体的には、一戸建てのフルリフォームの場合、全面リフォームの相場は約400～2500万円ほどだと言われます。

マンションのフルリフォームの場合は、間取りにもよりますが約300～1300万円のリフォーム費用が相場だと考えるといいでしょう。

ちなみに、マンションに相場に関しては割高感のない業者の費用目安とケアフルリフォーム

図26：マンションリフォームの相場

ケアフルリフォーム		マンション リフォーム 概算価格			
		表層リノベ	フルリフォーム		
60㎡	業界相場	158～438	385～850		
	当社	132～188	スタンダード 320～430	ミドルグレード 470～760	ハイグレード 770～
70㎡	業界相場	186～447	445～920		
	当社	155～220	スタンダード 370～500	ミドルグレード 550～890	ハイグレード 900～
80㎡	業界相場	210～450	505～1436		
	当社	175～250	スタンダード 420～560	ミドルグレード 630～1010	ハイグレード 1030～
90㎡	業界相場	238～457	578～1504		
	当社	198～280	スタンダード 480～630	ミドルグレード 700～1150	ハイグレード 1150～
100㎡	業界相場	265～595	636～1708		
	当社	220～310	スタンダード 530～700	ミドルグレード 780～1270	ハイグレード 1280～

※表層リノベ：クロス、CF全面張替え・床上貼り・水廻りクリーニング、コーティング

※スタンダード
・クロス、CF全面張替え・床張替え・建具交換・水廻り交換4点(普及品)・給湯器交換

※ミドルグレード（間取り変更有り）
・クロス、CF全面張替え・床張替え・建具交換・水廻り交換4点(中高級品)・給湯器交換

※ハイグレード（スケルトン）
・クロス、CF全面張替え・床張替え・建具交換・水廻り交換4点(中高級品)・給湯器交換

の相場を比較した表がありますので参考にしてみてください。

◆外回りのリフォームの場合

外回りのリフォームとしてよくある内容は、外壁塗装や張り替え、屋根の塗装や葺き替え、雨樋交換、ベランダ防水などがありますが、外装フォームの費用相場としては20万円～３００万円といわれます。部分ごとの相場については次の図を参考にしてみてください。

例えば外壁のリフォームを取り上げると、外壁リフォームだけでも、既存の外壁から外壁材を重ねて貼る「重ね貼り」のリフォーム、既存

図27：外回りリフォームの相場

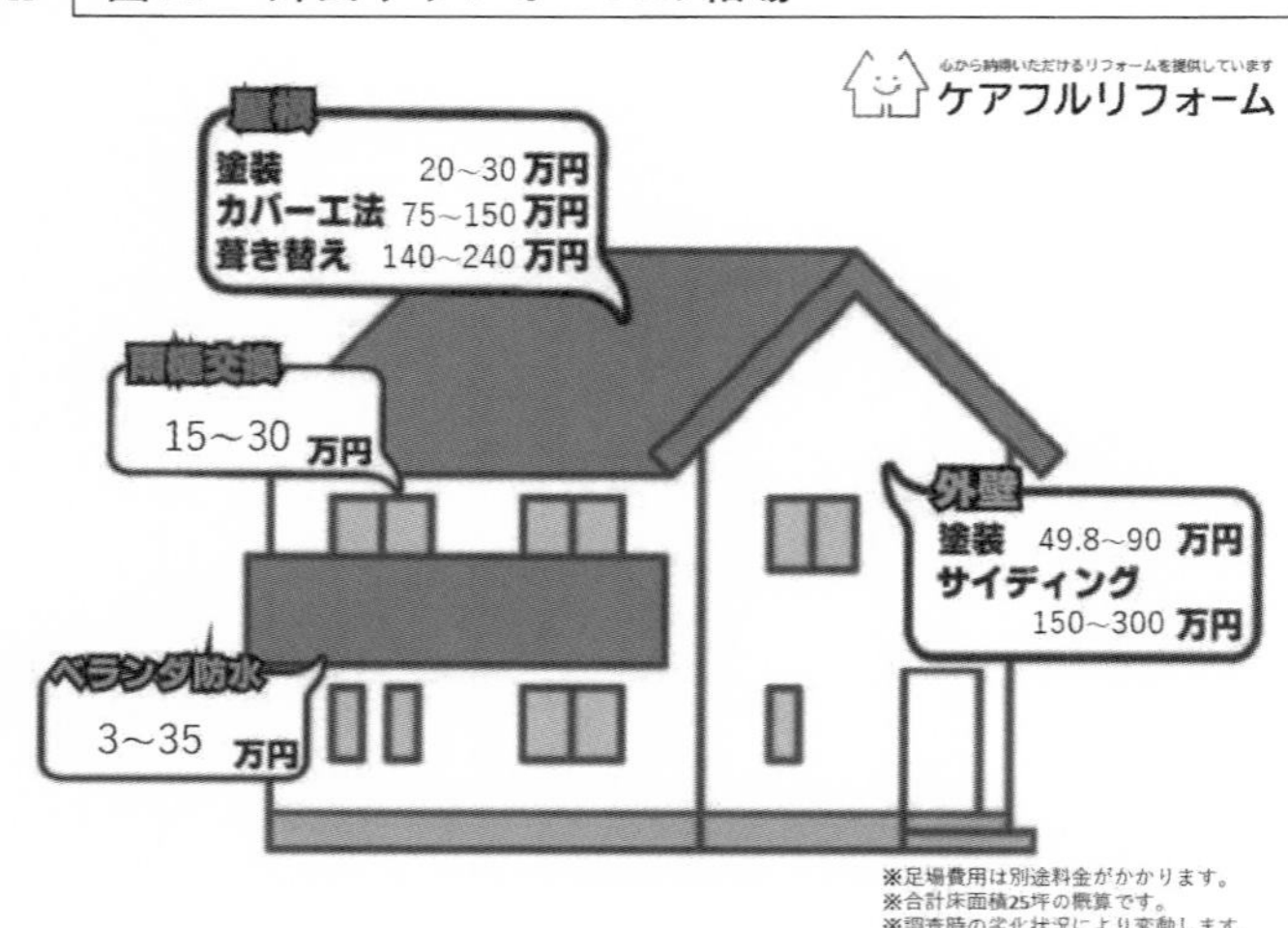

の外壁と下地を取り払い新たに外壁材を貼り替える「張り替え」のリフォーム、既存の外壁塗装などの種類があります。これらの種類によってもリフォームの費用は異なります。

ちなみに外壁リフォームの金額が高額になる場合に多いのは、必要以上に過剰な工事を勧められてしまうケースです。例えば、外壁の塗り替えだけで十分なのにも関わらず、外壁の劣化などを理由に外壁の貼り替えを提案されることもあります。外壁の劣化状況や状況に応じた適切なリフォームの提案は、専門家ではなければわからないことです。施主が知識を持たない素人であるのをいいことに、不要なリフォームを勧められないためにも、複数の業者に見積りを出してもらい、比較することをおすすめします。

また、外壁塗装や屋根のリフォームなどは、工事の際に足場代などが必要になることも覚えておきましょう。足場代の相場は、工事代金の約20％が相場です。まれに足場代が高いのではないかという指摘をされる方もいますが、足場代を値切ることは、職人の安全性を担保できなくなるだけでなく、うまく塗装ができなくなりますから、足場代の節約は考えないようにしてください。しかし、中には足場代で余分に費用を取ろうとする業者がいることも事実です。ですから念のため費用の確認は必須ですが、相場とほとんど変わらないようであれば、無理に指摘しなくても大丈夫です。

◆外壁塗装のコストダウンシミュレーションシート見せます

外壁塗装について説明しましたから、ここで外壁塗装を例にとりコストダウンのシミュレーションシートをご紹介します。次にお見せするシートは、ケアフルリフォームが外壁塗装のリフォームを承る際に活用しているものです。

◆内装リフォームの場合

内装リフォームに関しては、ＬＤＫのリフォームと各部屋のリフォームによって大きく費用が異なります。各部屋のリフォーム相場に関しては後ほど説明しますので、ここでは高額になりやすいＬＤＫリフォームについて触れていきます。

ＬＤＫリフォームとは、リビング・ダイニング・キッチンのリフォームです。例えばリビングとダイニングキッチンが分かれているような間取りをＬＤＫとして１つの空間に作り替える場合などが該当します。

ＬＤＫのリフォームは、多くの場合において間取りの変更が行われますし、キッチンの設備の交換、フローリングや壁紙の貼り替えなどが発生するため高額になりやすい内容です。特に間取りの変更がある場合では、間仕切りの撤去なども考えなければなりません。その際天井や柱、床を触るので、部材費用だけでなく、廃材の処分費用などもかかります。

さらに、大規模な工事になりやすいＬＤＫリフォームは当然工事の期間も長くなります。場合によっては１ヶ月～３ヶ月ほどかかることもあり、諸経費などがその分高くなることも想定しておきましょう。

ＬＤＫリフォームの相場としては50～５００

図28：外装費用のコストダウンシミュレーション

単位：万円

白子　邸外装費シミュレーション

壁面積　118　㎡　　屋根面積　㎡

		現在案10年	5年後	7年後	10年後	12年後	14年後	15年後	20年後	21年後	24年後	25年後	28年後	30年後	35年後	36年後	40年後	29年合計	40年合計
ご家族	旦那様								定年退職										
	奥様								内装リフォーム										
	お子様				予備校・受験	大学入学			ご結婚										
	お子様					予備校・受験	大学入学				ご結婚								
ライフイベント					100	200	100		500		100								
屋根	塗装（シリコン	40			45				140									225	225
	屋根カバー	140												20				140	160
外壁	アクリル塗装	80	85		90			270						20				525	545
	ウレタン塗装	90		100			110			270							20	570	590
	シリコン塗装	100			120				130					270				350	620
	ラジカル塗装※	110				125					135			270				370	640
	フッ素塗装	120				135					150			270				405	675
	無機塗装※	150						170						270				320	590
	金属サイディング	270							20					80				290	370

黒字：塗装　橙字：サイディング工事　青字：屋根カバー　緑字：洗浄費など

白子 様のお宅の場合、もっともオトクな屋根・外壁リフォームを算出すると・・・

30年後まで住まない場合	屋根カバー	140	外壁シリコン塗装	350	合計	490
30年以上住む場合	屋根カバー	160	金属サイディング	370	合計	530

※上記はメーカー公表値などを基に算出したシミュレーションであり、効果を保証するものではありません。
※新素材の塗料（ラジカル、無機）などは実測データが無い為、根拠が弱く参考値となります。
※光熱費の試算は、令和2年の総務省の家計調査、環境省のCO2排出実態統計調査を基に算出した「見込み」です。
※他社さまへの情報開示は、おやめいただきます様お願い致します。

万円と大きく幅があります。

ＬＤＫリフォームを行う場合にコストを抑える方法としては、キッチン設備のグレードを下げたり、フローリングのグレードを下げたりするなどの方法があります。また、間取りの変更をシンプルなものにするか、もしくは間取り変更を諦め内装（見た目）だけを変更するといったことも考えられるでしょう。

◆水回りのリフォームの場合

水回りのリフォームとして含まれるのは、キッチン、浴室、トイレ、洗面所の4箇所です。大手リフォーム会社などがよくやる、「水回りリフォームパック」などを見たことがある人も多いのではないでしょうか。

なぜ水回りだけがパックプランに含まれるかというと、住宅の中でも日常的に水を使用する場所になるため、経年劣化しやすいエリアだからです。設備が問題なく使えていたとしても、いざ解体してみると、床材が腐りかけていたり金具が錆びていたりするのはよくあることです。したがって、リフォームの要望の中でも水回りに関するものは比較的多くなります。

水回りのリフォームの相場は、トイレが8~50万円、洗面所が6~50万円、浴室が50~200万円、キッチンが50~200万円となるのが相場です。水回りのリフォームも、先ほどのLDKリフォームと同様に間取りの変更があったり、選んだ設備が高かったりすると、リフォームの費用が高額になります。トイレや洗面所に関しては比較的少額で収まりそうですが、浴室やキッチンは設備そのものが高額なものが多いです。最新の機能がついた設備を選んだりすると、それだけで100万円以上になることも少なくありません。

水回りにおけるリフォーム費用を抑えたい場合、最も効果的なのはやはり設備そのものを見直すことです。シンプルな機能の設備にしたり、量産されているタイプのものを選んだりすると、それだけでグッと費用が抑えられます。

ここで注意しておきたいのは、ネット通販やオークションなどで設備を自分で用意する場合です。たまに「洗面台はインターネットで購入すると安く購入できる」などといって、業者が指定する場所以外のところで設備を購入しようとする人もいます。浴室はあまり見かけませんが、キッチンや洗面台などは比較的よく見受けられます。

できるだけ設備の費用を抑えるために、インターネットで探して購入したくなる気持ちはよく理解できますが、できる限りやめたほうがいいでしょう。

設備を自分で用意しない方がいい理由は簡単で、仮に設備に問題があった場合に業者が責任をとってくれなくなるからです。もしかしたら、そもそも施主が自分で用意した設備に関しては工事をしてくれないかもしれません。業者にとっても、自分たちが責任を持てる範囲の中で仕事をしないと、大きなトラブルに巻き込まれるリスクがあります。いくら大切なお客様であっても、自分たちに扱えない設備を用意されたり、部品不足などの設備をつかまされたりした場合、どうすることもできません。このようなトラブ

図29：水回りリフォームの相場

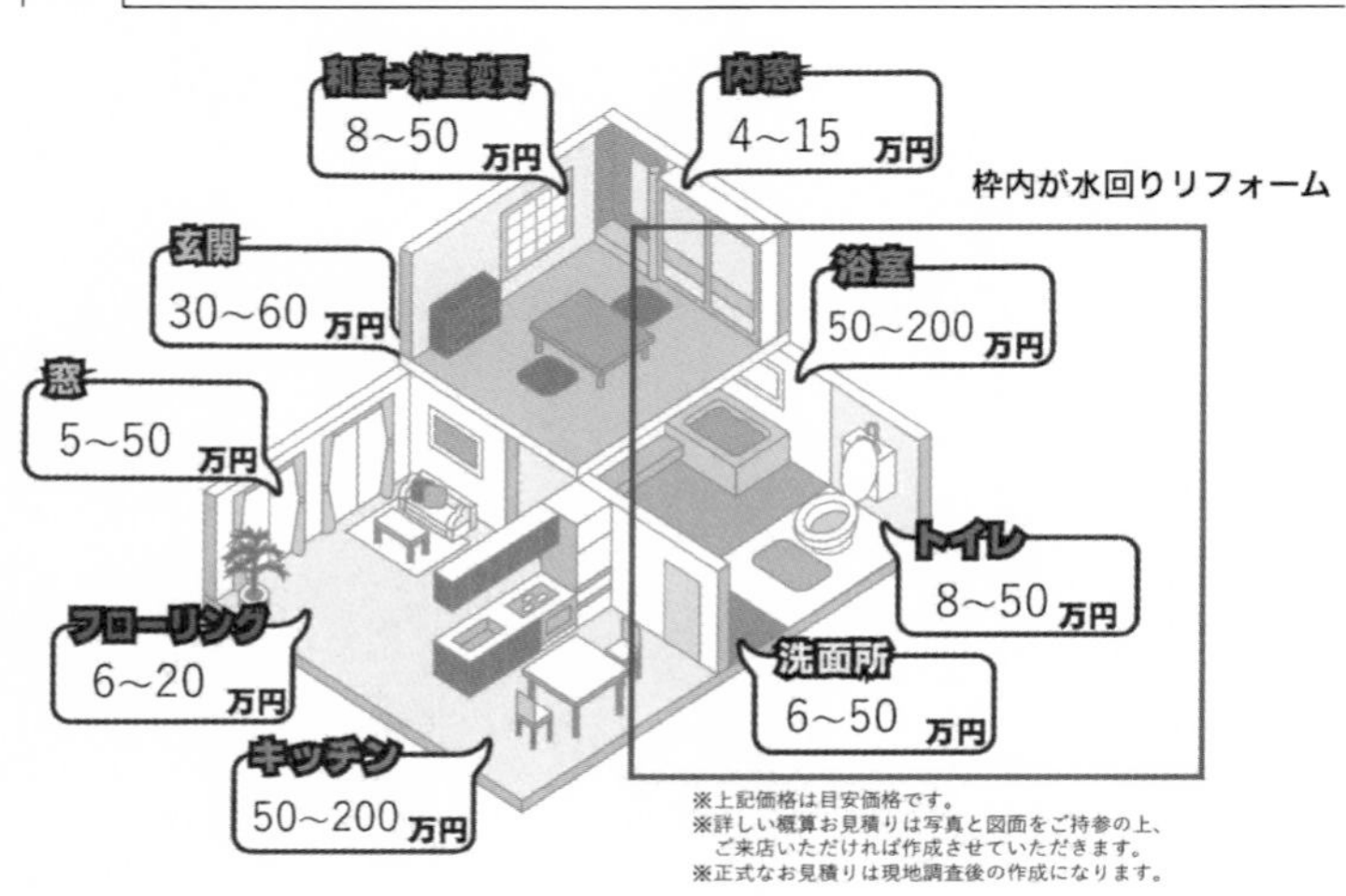

ルを避けるためにも、自分で設備を用意することはやめておきましょう。それでも、どうしても使いたい設備がある場合は、よく業者と相談してください。業者によっては、普段取扱いのない設備でもお客様が希望するものを業者が購入してくれるケースがあります。業者にとっては、出どころや配送業社にも気を配りながら設備を用意します。ネットショップで見つけた格安設備だからといって、それが使える訳ではないと心得ておきましょう。

SECTION 03

部屋別リフォームの相場とコストダウンの考え方

◆玄関リフォームの場合

続いてここでは、部屋別のリフォームにおける相場とコストダウンの考え方について説明していきます。まずは戸建て住宅に多い玄関リフォームです。

玄関は、家の印象を決める大切な場所でもあり、家族だけでなくお客様も出入りする場所になります。玄関のリフォームでよく行われるのは、玄関ドアの交換です。玄関ドアの交換の際に、玄関周りのリフォームが行われることもありますが、玄関ドアを変えるだけでもかなり印象が変わるため、ドア交換のみで済ませる人も多いです。

ちなみに玄関ドアのリフォームで行われる工事は、単純なドア交換もしくはカバー工法と呼ばれる工事のどちらかが多いです。単純なドア交換は、言葉どおり既存の玄関のドア本体を交換するのみです。例えば玄関ドアの塗装や表面が劣化してきた場合、鍵が使いにくくなってきた場合、あるいはドアが傾き開きにくくなってきた場合などに扉の交換を行います。

一方カバー工法は、既存の玄関枠に新しい枠を被せることでリフォームを行う方法です。既存の開口部に枠を取り付けて設置するので、ひとまわり小さく感じることがあったり、デザインが限定的になってしまう可能性がありますが、玄関を変えるために壁を壊したり、既存のドア枠を撤去したりする手間が省けるため、費用を抑えてリフォームできます。ただし玄関ドアのリフォームができるのは戸建のみ、マンションはドアを交換することができません。

玄関のリフォームの相場は、10~50万円となっています。

◆洋室リフォームの場合

洋室リフォームは、多くの場合壁紙や天井の貼り替え、床材の貼り替えを行う内装のみのリフォームが多いです。間取りの変更を行う場合もありますが、建具や床材、壁材の変更で部屋の雰囲気を変更することのほうが圧倒的に多いため50~100万円が相場となっています。

洋室リフォームでのコストダウンを考える場合は、単純に使用する材料を変更したり、リフォームする箇所を部分的に減らしたりする（天井の張り替えはやめる、など）他、床の張り替えを重ね貼りで対応するなど工事の手間を減らすことでコストダウンを実現する方法もあります。床の重ね貼りはリフォームでよく用いられる方法ですが、下地が傷んでいる場合はそこから下地の修繕が必要になるため、重ね貼りは選択できません。コストダウンがしたくても、現場の状況によっては希望通りにならないこともあります。

◆トイレリフォームの場合

トイレのリフォームでは、トイレ本体の交換のみのシンプルなリフォームが行われることもありますが、床・壁の貼り替えも同時に行うこともあります。

トイレの場合、床や壁の貼り替えは日常的な汚れがある場合も多いですし、特に床に関してはトイレを設置したままでの貼り替えが難しくなります。そのため、床の貼り替えはトイレ本体と同時に行うことが多いのです。

トイレのリフォームで気をつけておきたいのは、排水方式や設置環境などによって希望するトイレが置けない場合があることです。マンションや団地などに多いのは、トイレの排水に壁排水が採用されているケースです。その際、狭いスペースでも設置できるようなトイレを選ぶ必要があります。

また、マンションや団地等の集合住宅でトイレの設置を行う場合は、オーナーや管理会社への許可が必要になることもあります。業者が教えてくれることもありますが、勝手にリフォームを行おうとせず、事前にマンションの管理会社等へ連絡しておくと安心です。

ちなみにトイレリフォームの相場は、8~50万円です。トイレのリフォームは、そもそも空間が広くありませんから、使用する壁紙や床材も少しで済み、材料費があまりかかりません。ですからリフォームコストのほとんどが、トイレ本体の価格になります。最新の機能がついていたりするトイレだと、費用が高くなりますが、スタンダードのタイプのものであれば、数万円で購入できるものもあります。トイレのリフォームのご相談で多いのは、トイレの中に手洗い場を新設したいという相談です。もともと手洗い場があればいいですが、なければ新しく作らなければなりませんから、コストが嵩んでしまいます。トイレと手洗いが一体型になっているタイプもありますから、本当に必要なのかどうかを検討するのもコストダウンの方法の一つです。

◆キッチンリフォームの場合

キッチンのリフォームは、システムキッチンの設備を交換したり、壁や床の貼り替えを行ったりするのが主なリフォームの内容です。中には、「憧れのアイランドキッチンにしたい」などという要望をいただくこともありますが、キッチンのレイアウト変更はガスの配管や水道管の変更・設置工事などが必要なので、高くなりやすいです。

キッチンのリフォームの相場は、50～200万円となりますが、やはり設備費用が費用のほとんどを占めています。設備費用を抑えたい場合は、グレードを落としたり、システムキッチンの扉のみを変更したりするケースもあります。すでに伝えましたが、システムキッチン等の設備を安くしようとインターネットなどで自分で購入し、業者に設置してもらおうと考えるのはトラブルにつながる恐れがありますので、やめておきましょう。

◆リビングのリフォームの場合

リビングのリフォームでは、壁や床、収納等の建具、扉の変更などがメインになります。リビングの広さにもよりますが、単体でリフォームを行う場合は、40万円~100万円が相場となります。近年のリビングリフォームで比較的多いご相談は、窓を二重サッシに変えたいというものと床暖房を設置したいというものです。

窓のリノベーションは、先進的窓リノベという国の補助金制度がありますから、補助金をうまく活用するのもコストダウンの方法の一つです。

床暖房を入れる場合、床暖房のタイプとして電気式と温水式があります。床暖房に関しては、床暖房のタイプや既存の床の状況などから、工事の内容が異なりますので希望する場合は丁寧に現地調査を行なった上で見積りを出してもらう必要があります。

ちなみに数年前までは、床暖房があると、床の貼り替えはできませんでした。厳密にいえば不可能ではありませんが、床を剥がすと床暖房パネルが痛むことからメーカーも推奨してなかったのが理由です。しかし現在は、床暖房対応の上貼り素材が出てきていますから、素材によっては床材の上貼りで床暖房のリフォームができるケースもあります。ただし、床暖房のリフォームに関する情報は比較的新しい情報ですから、最新建材情報にアンテナを張ってない工務店などはこのことを知らず割高な提案をしてくるところもあります。

◆和室リフォームの場合

和室リフォームで圧倒的に多いのは、和室を洋室に変更するというリフォームです。和室から洋室に変更する場合は、畳や襖、欄間等の撤去が必要なほかに、新しい床材や壁材などが必要になります。また、和室の間取り変更も同時に行う場合は、その分の工事に係る費用も必要です。

和室から洋室に変更する場合の相場としては、40～100万円程度かかるといわれています。和室のリフォームのコストダウンを考える場合は、和室から洋室にするのをやめて和室の内装を変更するというのが最も費用をかけずにリフォームする方法です。洋室にしたい場合は、間取りの変更などの大掛かりな工事を行わず、床や壁の貼り替え等のみで済ませることも考えられます。最近では「和室がいらない」という人も多いですが、和室＝古いイメージではないおしゃれな和室もつくることができます。

単に古臭いイメージを刷新したいだけで、和室が嫌だというわけではない場合は、和室を残すことを考えてもいいかもしれません。

SECTION 04 マンション・団地リフォームの際の注意点

ここまでは主に戸建住宅におけるリフォームについて触れてきましたが、ここからはマンションや団地等の集合住宅のリフォームに関することをお伝えしていきます。

◆集合住宅におけるリフォームの特徴

集合住宅のリフォームは、戸建のリフォームと違って管理規約などが存在し、リフォームできるところとそうでないところなどがあります。すべての建物が該当するわけではありませんが、リフォームの可否はマンションの管理組合に問い合わせなければわかりません。特に、ガスや電気まわりの工事、キッチンやシンクの移動、床材の変更などは制限されていることもあるので注意してください。集合住宅の場合は、自分たちだけが住んでいるわけではないので、工事をすることで何かトラブルが発生した場合、隣や他の階に住んでいる人にも迷惑がかかることがあります。万が一トラブルが発生し、他の住人にも生活に支障が出た場合は、その分の費用や補償をしなければなりませんから、業者に現地調査をしてもらった上で、事前に管理組合に問い合わせしましょう。

◆マンションの場合の注意点

マンションのリフォームを行う際に特に注意したいのは、水漏れです。

例えば給排水の栓がしっかりできていないと、下の階にも水が漏れてしまうことがあります。そうなると、下の階のリフォームも行わなければならず、大きなトラブルへと発展してしまいます。マンションの水回りは、複雑になっていたり細かい作業があったりするため、工事のミスが起こりやすい場所でもあります。

しっかりとマンションリフォームの経験がある業者を選ぶことがまずは大切になりますが、もしもトラブルが発生した場合は是正工事等を行なってもらえるようにあらかじめ確認しておきましょう。

◆団地の場合の注意点

マンションよりも気をつけたいのが、実は団地のリフォームです。中古物件を購入してリフォームするという人も増えてきましたが、団地は建物自体が古いものが多いため、構造によってリフォームが難しい場合もあります。

特に1980年代前半以前の団地では、キッチンのリフォームが難しいものが多いです。原因は配管の位置やつくりなどにあるのですが、構造的に配管の移動が難しいものに関しては、設置の位置を変更せずにリフォームを行うか、配管の接続を工夫してリフォームを行うなどの現場適応力が求められます。

さらに、浴室に関しても同様の問題があります。古い団地だと追い焚き機能がついていないことが多いので、「追い焚きをしたい」といって浴室リフォームをされる方も少なくありません。ですが、キッチンと同様に配管の問題や構造の都合で難しいケースもあります。詳しいことは現地調査をして下見をしなければわかりませんが、団地の場合は特に難しい工事が多くなるため、同様の築年数の団地リフォームを経験したことがある業者に依頼するのが望ましいです。

図30：リフォーム費用約561万円（税込み）でリフォーム！

以前はマンションにお住まいだったS様。

長く住めて将来的にはご両親とも暮らせるお家を探していました。

新築を購入しようかと思っていましたが、なかなか物件も見つからず中古を購入してリフォームすることに。もともとは住居兼事務所だった建物の事務所部分は、広々としたリビングへ。大手では1100万円の見積りだったそうですが、約561万円で実現しました！

工事箇所：事務所、洋室、浴室、洗面、トイレ、玄関・ホール、廊下、収納
築年数：約15年
工事期間：約3ヶ月

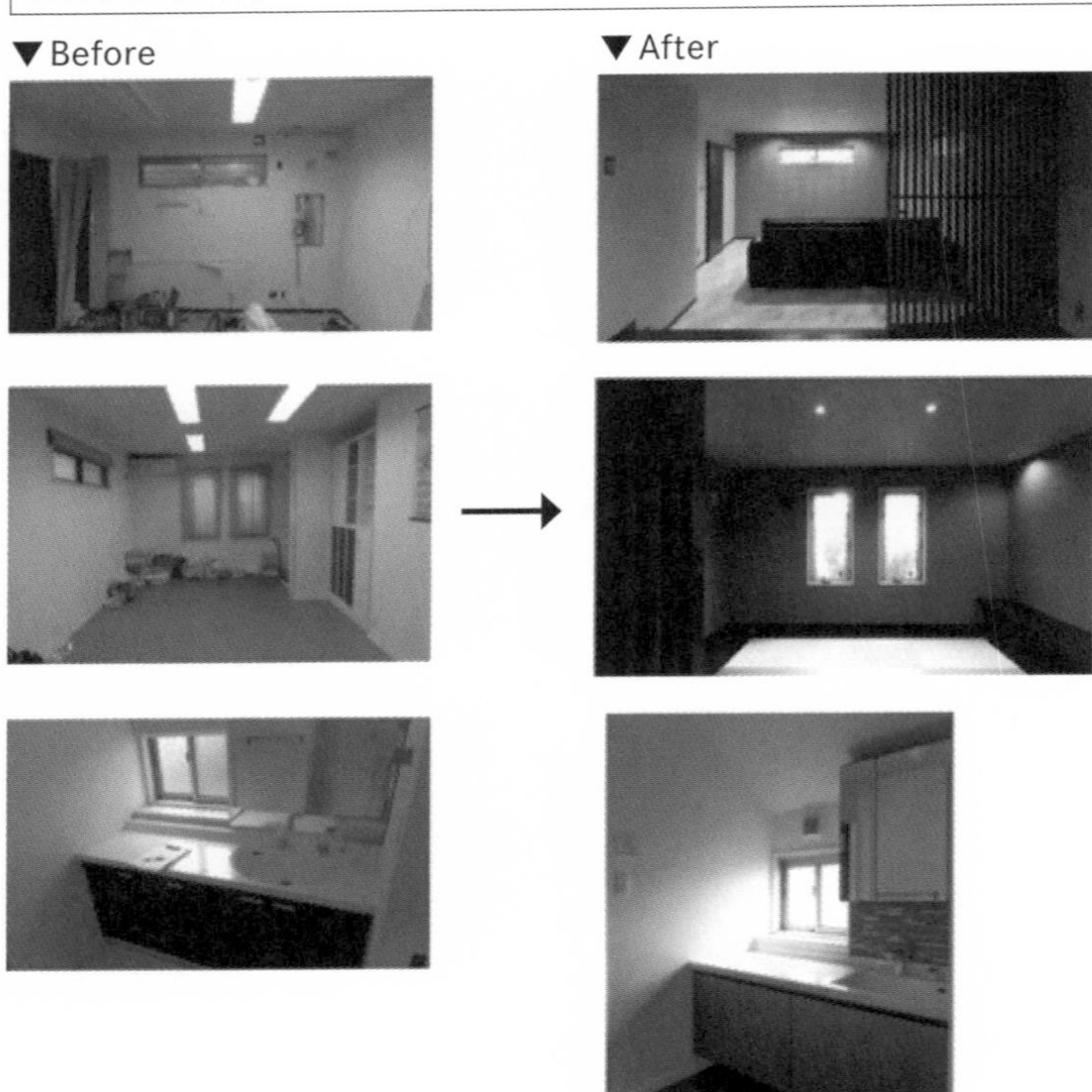

マンション・団地リフォームは戸建リフォームもできるところに頼むのがおすすめ!

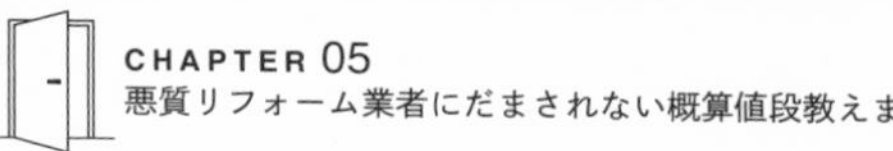

SECTION 05

完成してビックリ！後からリフォーム価格が高くなることも

◆工事の途中で言われる追加工事に要注意

いくら丁寧に見積りを見た上で契約しても、リフォーム工事は追加工事が発生することが少なくありません。その理由はすでにお伝えしたとおり、古い住宅は、実際に工事を行なって中を確認してみないと正確な状況がわからないからです。ですから、リフォームをすると決めた以上は、追加工事が発生することをある程度覚悟しておいてください。

しかし、だからといって黙っていては業者の好き勝手に追加工事をされかねません。ですから、追加工事が発生すると言われたら、必ずその都度内容をきちんと確認し、契約書を交わすようにしてください。

追加工事が発生した場合は、工事内容変更同意書などに変更内容を記載して、お互いの合意を取ります。ケアフルリフォームでは、契約書の中に変更合意書も含まれていますが、このような書類を作ってこない業者もいます。その場合は、必ず指摘し契約書を交わしてください。

工事内容変更同意書のポイントは、変更となった工事期間や内容の記載があるかどうか。そして、工事内容の変更に伴う変更前後のリフォーム代金の記載が書かれているかどうかの二点です。必ずこの二点を確認し、業者とあなたのサインをしてください。


追加工事に関する契約書を交わさないと、「知らなかった」「なんでこんなに工事費用が高くなっているんだ」とトラブルに発展しかねません。業者側がきちんと確認して書類を書いておけばいいのですが、口頭だけで済ませようとする業者も実在します。

その場合、いくら知らなかったとはいえ、口頭で確認があった場合は、実際に工事が行われた分の費用を支払わなければなりません（裁判事例もあります）。

CHAPTER 06
リフォーム工事は
こうすれば成功する

SECTION 01 リフォームを考える前にこれをしよう

◆いきなり業者を探す前に、自分たちの考えを整理する

6章では、これまでお伝えしてきた内容を踏まえ、よりよいリフォームを行うためにやっておきたい準備や工事期間中の施主側の対応について説明していきます。

リフォーム業者の見つけ方や業者からの見積りの見方については十分にお伝えしてきましたが、より自分たちの希望に合ったリフォームの提案をしてもらおうと考えるなら、まず業者を探す前に自分たちの考えを整理しておくといいです。

次の図にあるシートは、ケアフルリフォームにご相談に来られるお客様にお渡しししている、リフォーム準備シートです。このシートは、リフォームの目的や気になる箇所、家族の要望など

図31：リフォーム準備シート

※こちらは記入例です。プリントアウトして確認しながらチェックシートを埋めると便利です！
※無記入のチェックシートは、このエクセル最下部「チェックシート」タブをクリックすると出ます。

リフォームする理由	・中古でマイホームを購入。子育てしやすい設備や間取りに変えたい。 ・給湯器などの故障が発生したり、水回りをはじめ家が古くなったと感じる。
家族全員の要望	お父さん：予算内で家族全員が住みやすく。リモートワークスペースが欲しい。 お母さん：家事動線がスムーズでお掃除しやすい水回りにしたい(特にキッチン！) もっと収納が欲しい。(見せる収納もいいかも) 子供：自分の部屋が欲しい。室内をかわいくしたい。 おじいさんおばあさん：お風呂が寒い。階段の上り降りなどをスムーズにしたい。 ペット：自由に出入りできるドアが欲しい、ニオイ対策、キャットウォークなど
不満に感じている部位	【キッチン】動きづらい／掃除が大変／暗い／寒い／故障気味(コンロ、換気扇、給湯器etc) 収納が少ない／位置を変えたい／ 【浴室】タイルのはがれやヒビ／狭い／寒い／機器が古い(浴槽、給湯器etc) 床、壁、天井のカビが気になる／段差があり使いにくい 【洗面】収納が少ない／すぐに汚れる／コンセントが少ない／暗い／台が小さい／ボウルが小さい 【トイレ】掃除が大変／温水洗浄が無い／寒い／冷たい／流れ辛い／もれや詰まり／収納が少ない 狭い／段差につまづく／つかまる物がない 【リビング】収納が少ない／汚れや古さを感じる／寒い／暗い／夏場暑い 床が冷たい(古い)／窓の結露／間取りが狭い 【その他居室】収納が少ない／寒い／暗い／夏場暑い／狭い／窓の結露／汚れや古さを感じる 【屋根・外壁】ひび割れや破損／雨漏り／雨どいの劣化や詰まり／汚れ／古く見える外観 【その他メモ欄】 雨が多いと洗濯物が干せないので、ベランダにサンルームも設置したい。
リフォーム・リノベする部位	リビング／洋室(　子供部屋と寝室のみ)　／和室(　おばあさんの部屋の畳を琉球畳風に) キッチン／浴室／洗面所／トイレ／玄関／庭や駐車場／屋根／外壁 【その他メモ欄】
デザイン	※雑誌の切り抜き、ネットで見つけた写真をプリントアウトして比較&決定。 リノベ部位の箇所を参考に、やる部位ごとに用意。図面も用意するとスムーズです。
建材、設備内容	キッチン：クリナップ「ラクエラ」　浴室：lixil「ノクト」 洗面台：lixil「ルミシス」　トイレ：TOTO「ネオレスト」 リビング：エコカラット(内壁)　洋室： 和室：琉球畳へ　その他：
リフォーム・リノベ予算	基本予算：500万円　最大予算：650万円 資金計画：ローンで500万円、予算超えた分は150万円おじいさんに出してもらう。
問合せするリフォーム会社	※ホームページ(会社概要等)を見て、チェックを入れよう！ 会社名：ケアフルリフォーム 中間マージン抜かれてない　保証は有るのか　施工例が豊富　建設業許可 会社名：高杉不動産リフォーム □中間マージン抜かれてない　保証は有るのか　施工例が豊富　建設業許可　□建築士在籍 会社名：雑杉工務店 中間マージン抜かれてない　□保証は有るのか　□施工例が豊富　建設業許可　□建築士在籍

目的がブレてしまわないように、理由は明確に記載しましょう

できるだけ、家族全員の意見を記入してください。後々ご家族の不満が出なくなります

該当箇所を○で囲みます

業者にはイメージを伝えて、プラン作成時にCGやVRで完成デザインを求めてください。なので切り抜きやWebリンク等を業者と共有しましょう

希望の予算と最大予算をまとめて業者に伝えましょう。業者も比較されてることはわかっているので、「予算を伝えたら高くなる」ということは考えなくてOK

を整理するためのものですが、これを作成しておくことで、業者との打ち合わせもやりやすくなり、万が一予算オーバーになった場合に優先順位がつけられるようになります。

◆リフォームの目的と優先順位を決める

先ほどのシートを使い、まずはなぜリフォームしたいのかを書き出してみてください。家族が増えたり子供が家を出たりという家族構成の変化や、使い勝手の悪い部屋がある等、不満の解消など目的はさまざまだと思います。できればリフォームしたい理由は、家族全員の意見を聞いておいたほうがいいでしょう。子供だからといってのけ者にせず、全員が満足できるリフォームを追求するために、小さな不満もすべて洗い出しておきます。

◆今の不満を部位ごとに整理する

リフォームの目的を書き出せたら、次は不満に感じているところを具体的に書き出していきます。例えば、浴室の追い焚きができないのが嫌だというように、どこの部屋のどの部分が不満なのか、詳細に書いておくとリフォームの相談がしやすくなります。また、家族全員が不満に感じているところがあるとわかれば、リフォームの優先順位もつけやすくなるはずです。リフォームの相談をしていると、新築の相談のように「ああしたい」「こうしたい」と次々に要望が上がってきます。しかし、お客様の要望通りに設計していくと、大幅に予算を超えてしまうというのはよくある話です。

後から優先順位をつけながらリフォーム内容を見直していくためにも、ここで不満をしっかり出しておくことは重要です。

◆フルリフォームをする場合はあわてない

フルリフォームを検討する場合は、よほどの理由がない限りあわてずに半年ほどかけて計画していくことをおすすめします。フルリフォームは、新築ほどとは言わずとも、１０００万円を超える高額になることが少なくありません。高額で、かつ工事も大掛かりなものになりますから、しっかりと設計を行う必要があります。

どんな空間にしてもらえばいいかを考えるためにも、自分たちでショールームに足を運び、リフォームのイメージを膨らませていきましょう。

特にフルリフォームの場合は工事期間も長期になりますし、検討すべきことも多くなります。それだけでなく、資金計画なども綿密に立てなければなりませんから、次の図のようなスケジュール表を使い、全体のスケジュール感を掴んでおきましょう。スケジュール表は、業者との打ち合わせにも持参すると、その場で期間を書き込めるので便利です。

図32：リフォームのスケジュル管理シート

リフォームスケジュール表

項目	日程	目安と注意点
目的と家族の要望まとめ	／ 〜 ／	皆さん大体1〜2週間くらいかかります。リフォームの目的と家族全員の希望を、箇条書きで構わないので洗い出しましょう。予算調整用に優先順位もつけるとベター。
予算や資金計画	／ 〜 ／	皆さん数日で予算や資金計画を立てられます。最初はザックリでOK。リフォームに最大いくら位まで出せるのかの金額と、出来ればこの位に抑えたいという金額を2パターン用意しましょう。
リフォーム部位と相談する会社の選定	／ 〜 ／	大体1〜2週間くらいで決める事が多いです。まず相談するリフォーム業者は3社前後が一般的。業者はリフォーム準備シートの「問合せするリフォーム会社」を活用して比較してください。 ※メーカーショールームに行った際には、見積り番号をもらってリフォーム会社に伝えると後々スムーズです。
現地調査	／ 〜 ／	リフォーム業者との日程調整もある為、2週間位余裕を見てください。業者の比較は後日お知らせする「業者比較シート」でシッカリ比較してください。
見積り確認&業者選定	／ 〜 ／	現地調査してから見積りが出来るまで、2〜4週間前後かかります。小規模で有れば1週間で終わる事も。大規模なら1か月前後プラン作成にかかります。こちらも業者比較シートを活用して、抜けなく比較してみてください。
リフォーム契約	／ 〜 ／	契約は業者立ち合いのもと行われます。なので業者との日程調整もあり、1週間前後見ておいてください。後日お知らせする「契約書チェックのポイント」も抜けなく確認ください。
リフォーム工事期間	／ 〜 ／	工事期間は規模により、2週間〜2か月前後掛かります。加えてすぐに工事に入れるとは限りません。マンションの管理組合に承認もらったり、水回り設備は受注生産なので納品までに時間がかかります。 ※在庫品は数年前の商品だったり、劣化している可能性があるので注意
完成&引き渡し	リフォームが完成したら、後日お知らせする「完了チェックシート」を活用し、工事に不備がないか詳しくチェックしてください。	

※無理に急ぐのは失敗の元です

それなりのリフォーム規模になると、遅くても3ヶ月、できれば6ヶ月前から計画されることをオススメ致します。バタバタと進めると、使えるはずの補助金が使えなくなったり「こうしておけばよかった」となるリスクが上がります。

お家は最も高額で利用頻度の高い資産です。余裕を持ってご計画ください。

SECTION 02

満足するリフォームは現地調査から始まる

◆フッ軽な業者が安心

リフォームの準備シートが作成でき、見積りを依頼する業者が決まったら、さっそく現地調査に来てもらいましょう。現地調査は一度だけではなく、複数回来てもらっても構いません。むしろ、「現場に行きましょう」「打ち合わせをしましょう」などとフットワーク軽く動いてくれるフッ軽な担当者のほうが安心です。

逆に、こちらから何度も催促しないと動いてくれないような担当者では不安だらけです。初めてのリフォームでわからないところばかりなのに、施主が主体的に動かなければいけないとなると、苦しいリフォームになります。せっかくリフォームによって新しい住まい、新しい生活を手に入れようとしているにも関わらず、嫌な気持ちにはなりたくないものです。そのためにも、気持ちよく仕事をしてくれる担当者を選ぶようにしてください。

◆提案力のある業者を見つけよう

優秀なリフォーム業者は、提案力があります。

ここでいう提案力とは、高機能や高性能な素材などを使った高いリフォームを勧めることではありません。限られた条件下でよりよい工法を提案してくれるなど、数ある選択肢の中から、根拠を以って設計提案をしてくれることを指しています。

リフォームの提案力が高い業者であれば、過去の施工現場や経験、建築知識を用いて、希望内容や自分たちの生活スタイル、想定されるリスクなどを考えた上でいろいろな話をしてくれるはずです。提案するためには必然的に質問も多くなるでしょうし、聞き漏らさないように一生懸命メモをとってくれます。提案力があり、かつ一生懸命な姿勢を見せてくれる担当者であれば、きっと安心して任せることができると思います。

SECTION 03 いい仕事をしてもらうための職人との接触方法

◆挨拶と差し入れはどうする？

いざリフォーム工事が始まったら、施主はどのような対応をすればいいでしょうか。例えば気になるのは、職人への挨拶や差し入れです。工事期間は短いもので半日程度ですが、長いと3ヶ月程度かかることもあります。

仮に一度も挨拶や差し入れがなくても、職人たちは仕事をしてくれますが、できることなら最初と最後、そして2週間に1度くらいは顔を出し職人に挨拶しておきましょう。

差し入れはなくても構いませんが、あると喜んでもらえます。ただし、腐りやすいものや生菓子などは好みもありますし、食中毒等のリスクもありますので飲み物だけで十分です。お客様の中には、10時と15時など複数回に分けておやつの差し入れを運んでくれる方も見えますが、仕事の邪魔になるといけないので一度にまとめるほうがいいです。

◆現場の監督のように振る舞わない

現場に行くと、職人の仕事ぶりが気になるものですが、現場監督のように直接指示することはやめましょう。職人はあなたの指示で仕事をするわけではなく、職人と契約しているリフォーム会社や業者の指示に従って作業します。

気になることがあってもグッと我慢して、職人に指示しないことを守りましょう。

反対に、普段見慣れない職人の仕事ぶりをずっと見ていたくなるという場合もあると思います。次第に部屋ができていく様子が面白かったり、職人の手捌きがかっこよかったりすると、その場から動きたくなくなってしまうのです。

職人としても悪い気はしないはずですが、仕事の邪魔になってしまいます。人からジッと見られていると、仕事が進まないと感じる職人もいますから、挨拶が終わったらできるだけ速やかにその場を離れましょう。

◆職人は褒めるといい仕事をしてくれる

ジッと見続けるのはあまりよくありませんが、それでも職人たちはお客様からほめられるととても嬉しそうにしています。中には、お客様から感謝の言葉を伝えられ、隠れて嬉し涙を流していた人もいるほどです。

職人は無口な人が多いですが、誰も見ていないところでひたむきに仕事をしてくれています。ですからその仕事ぶりを評価してもらえるのが、とても嬉しいのでしょう。また、お客様から直接言われることはないと思い込んでいる場合もありますから、想定外の嬉しい出来事に感極まってしまうこともあるのだと思います。

そんな嬉しい思いをした職人は、特に力を入れて仕事をこなしてくれます。普段はやらないような配慮をするなど、わかりやすくモチベーションを上げる職人もいます。職人とはいえ、やはり人ですから嬉しいことがあればその現場には思い入れがあるものです。ですから、職人にいい仕事をしてもらいたいと思う人は、職人への挨拶をする際に一言直接職人に感謝の言葉を伝えたり、褒めたりするといいかもしれません。

SECTION 04
リフォームの不満は黙っていたら損をする

◆気になるところは、営業担当を通して

リフォーム工事の最中に気になるところがあれば、職人に直接伝えずにまずは営業担当者に伝えてください。営業担当者に伝え、その担当者から職人に指示をするのが筋です。施主が勝手に職人に指示を出すと、職人が混乱するだけでなく、設計内容と異なる指示になってしまうこともあります。工事内容に変更が生じる場合は、すでにお伝えしたとおり、しかるべき手続きを踏まなくてはなりません。勝手に職人を動かそうとするのはやめましょう。

気になるところ以外に、「ここもついでにやってほしい」という要望も禁止です。職人は基本的に設計通りの作業しか行いません。ですから、例えばペンキで塗っている最中に、「ここもついでに塗ってくれない?」というのはマナー違反なのです。

新しく要望が出てきた場合も先ほどと同様に、営業担当者を通してください。

◆工事完了同意書を書く前に

リフォーム工事が終わったら、工事完了同意書にサインをして正式にリフォーム工事が終了します。ですから、工事完了同意書にサインをする前に、工事が設計通りに行われているかをきちんと確認していきましょう。

このシートは、完了同意書にサインをする前に施主側がチェックするところをまとめたものです。工事が正しく行われているかだけでなく、自宅の柱や持ち物に損傷はないか、また現場にゴミが放置されていないか等を確認してください。

見落としがちなのは、クローゼットなどわかりにくいところに放置された工事のゴミです。職人が後で回収しようとして忘れたままにしてしまうことがありますので、隅々まで確認して確実な受け渡しを行ってください。

図33：完了チェックシートの見本

完了チェックシート　※確認した項目はレ点でチェック

項目	チェック	ポイント
契約の工事は全て完了しているか		契約時の見積りを見ながら、工事のやり残しがないか確認しましょう。※見積りがいい加減な会社には注意！
リフォームした部位にキズはないか		リフォームした部位に、目立つ傷が発生していないか確認しましょう。新築ではないので、元々のキズはモチロン、細かいキズの許容はある程度必要です。
壁紙のたるみや浮きはないか		天井や壁の壁紙に浮きやたるみがないのか、しっかり確認しましょう。ただ壁紙は貼ったばかりの時は、たるみに見えるけど季節の気温変化などを見越して、時間が経ったら丁度よくなる様にしていることも。時間が経てばキレイになるのか、業者に確認しましょう。
水回り設備は、水を流しても漏れがないか		キッチンやトイレなどの水回り設備は、水を流して水漏れがないか確認してください。ただ水漏れは「時間が経ってから発生する事が多い」です。最初は問題なくても、保証はアフターはシッカリ確認しましょう。
ドアや窓を開け閉めしても異常はないか		ドアや窓を実際に開け閉めしてみて、スムーズか（ガタツキないか等）確認してください。建物自体の歪みでガタついている場合は、リフォームが問題でない事が多いので、リフォーム計画時に業者に確認する様にしましょう。
収納や引出しの開け閉めで異常はないか		ドアや窓と同じように、問題ないか確認を。
床を歩いても異常は見受けられないか		きしみや上に乗って沈みが大きくないか、事前説明に有ったレベルなのか確認を。新築ではないので、多少は床鳴りが発生する事も。事前で説明受けたレベルの床鳴りなのかも確認しましょう。
新しい設備の使い方の説明は受けたか		新しいキッチンや浴室などの使い方やメンテ方法の説明はあるか？　分からなくなったら、どこに聞けば良いのか確認しましょう。
アフターサービスの連絡先は聞いたか		問題が有ったらどこに相談すればいいのか？　どんな保証があるのか？　再度確認しましょう。
ゴミなどが放置されていないか		収納内等に段ボールや空き缶などのゴミがないか確認しましょう。

※注意

契約前に、必ず保証やアフターサービスの有無は確認してください！

ネットで少し調べても沢山出て来るかと思いますが……。上記のように目に見える部分だけではなく、「目に見えない部分の手抜き」は時折見かけます。

大手のリフォーム会社で、排水管の手抜きで何十年もユニットバスの下に水が溜まっていたり。打ってはダメな部位にビスを打って、雨漏りしてしまったり。内部にゴミを放置して、腐敗や虫が湧いてしまったり。

こういう時に、適切な対処をしてくれるアフターがあるのか？

施工不備が発覚した時に倒産……、なんて事が無いように「5年以上」会社の創業年数はあるのか？　遠慮することは何もありません。しっかり確認されることをオススメ致します。

完了シートにすべてチェックがついたら、工事完了同意書にサインをし、リフォームは正式に終了となります。

◆工事完了後のトラブルは大きく2種類ある

リフォーム完了後、施主に受け渡しを行い何事もなく気持ちよく住んでいただければ嬉しいのですが、中には工事後にトラブルになってしまうケースもあります。

トラブルの種類は概ね次の2つのどちらかに当てはまることが多いため、リフォーム前にきちんと知っておくといいでしょう。

リフォーム工事完了後のトラブル原因の1つは、自分たちのイメージしていたものとは違うというもの。

もう1つは、業者の説明をきちんと聞いておらず、間違った設備の使い方をしてしまうというものです。

例えば1つめの、イメージしていたものと違うというトラブルは、床の色が思っていたのと違った、壁紙や外壁の色が想像していたものとは違っていたという内容が圧倒的に多いです。イメージとのすり合わせをより現実のものに近づけるには、VRを活用したり、実際の色見本を光に当ててみるなどして試してみるしかありません。

もう1つ原因については、業者の説明をしっかり聞くことで防ぐことができます。リフォームのことは業者にお任せではなく、業者の説明はしっかりと聞き、わからないことはその都度質問するなどしてしっかりコミュニケーションを図ってください。

SECTION 05

いいリフォームをするための施主側の心構え

◆リフォームは新築工事ではないと理解する

いいリフォームを行うために施主側の心構えがあるとしたら、本書でお伝えしたいのはたった一つです。それは、リフォームは新築工事とは異なり、マイナスからのスタートだと理解することです。

リフォームを行うと、建物の見た目が新しくなったように錯覚してしまいますが、建物自体は古くなっています。昔の傷が柱に残っていたりすることもありますが、どうしても修繕には限界があるものなのです。また、古い構造上の問題で希望通りのリフォームにならないことも少なくありません。

自分たちの希望通りのリフォームが行いたい場合や、ピカピカの住宅を手に入れたいと考えるなら、リフォームではなく新築を選択したほうがいいこともあります。リフォームを行うということは、既存の住まいを今よりももっと快適にし、生活をより豊かにするということです。誠実な業者を見つけ、丁寧な工事をしてもらうことは大切ですが、施主側の理解も求められるのがリフォームです。

私たちも、リフォームの専門家として日々よりよい提案と工事が行えるように努めていますが、いいリフォームを実現するには、施主とのコミュニケーションや信頼関係が本当に大切だと痛感します。

例えば次のコメントは、ケアフルリフォームでリフォームをされたお客様からいただいたものです。

期間や価格など、ワガママばかりでしたが全て叶えてくれて本当に感謝しております。ケアフルさんは担当の方がベテランで疑問や困ったことなど、聞いたらすぐに答えてもらえた事や、アドバイスも的確でわかりやすかったこと、結果として値段も納得の価格だったことが決め手でした。

仕上がりを見てケアフルさんにしてよかったと思いました。

このお客様のように、工事が終わったあとに幸せな気持ちになれるリフォームは、業者とお客様とが二人三脚で取り組まなければ難しいです。

そのためにも、本書でお伝えしてきたように見積りの見方や業者の選び方をしっかりと把握し、気持ちよくリフォームが行えると思える業者を見つけてください。

おわりに

「えっここまで感謝してもらえるの？」

私がこの業界に携わる様になり、真っ先に感じた事です。

プロボクサー、ホテルのコック、大手電話会社の派遣社員、ＩＴベンチャーを経て、独立しＷｅｂサービスの法人を２つほど創業したり、中途半端ながらも様々な業界を渡り歩きました。

ひょんな事から、リフォーム会社の集客業務を請け負う事になり。

これまで経験した業界では感じない熱量の感謝の声を感じ、「これだ！」と勢いでリフォーム会社を立ち上げたのが10年以上前。

でもリフォーム業者として仕事をしてみると、「お家は最も高価で大切な資産」で責任は重い事、問題改善が進まない体質、お客様から見てブラックボックスなどが多い事を感じました。

改善を諦めた業者さんが、ニュース等で見かける、瞬発的に稼げるリフォーム詐欺に走ってしまったり、本書で紹介したような「ブラックではないけど、ちょっとグレーではないか？」みたいなケースも同様です。

なので初めてリフォームされる方でも、見極められるポイントをお伝えできれば、結果的に前向きな改善を行う業者も増えて業界も盛り上がるのでは？　と考え本書をまとめた次第です。

当社は詐欺的な事は行っておりませんが、モチロンこれまで時にはお客様にもご迷惑をおかけする失敗もありました。その事は大変申し訳なく考えております。

そういう失敗も補償や是正で終わらせるだけではなく、足元の再発防止はモチロン、サービス体系自体も日々こういうサイクルで改善を図っています。

・断絶的な仕事ではなく、やりがいと連携意識を持てる組織づくり、評価制度
・労働集約産業脱却、効率化とシステム化
・CS意識を高め、説明を怠らぬ定期研修、教育制度
・これらの積極投資、計画、運用制定

改善に一歩踏み出す余裕を作るには、連携して協力しあい、効率化を実践する。これにシステム化を進め、労働集約化を脱却し、サービス向上できる余裕を作る。お客様に満足頂き、良い報酬を得て適切な分配のうえ、これらに積極投資を行う。当たり前の事で、まだまだ完成とは決して言えませんが、日々前向きに取り組んでおります。後悔しないリフォームを行うために、「業者選びのポイント」「リフォームとは新築と違うもの」という事などを皆さんに認識頂

き、我々リフォーム業者もこういう改善により目を向け、良いサービスが業界的に増える事を望んでおります。皆さまの大切なご自宅が、住みやすく、毎日明るく過ごせる様になる。少しでも本書が、それに貢献できれば。そう考えてまとめさせていただきました。

最後になりますが、本書を作るにあたり、とても多くのアドバイスやご協力をくださった、ケイズパートナーズの山田稔さま、初めて本を作る私にもわかりやすい道筋を作ってくださり、誠にありがとうございました。

カワラバンの西田さま。我儘でタラタラしている私を上手にけん引してくださり、大変助かりました。誠実に向き合って下さり、誠にありがとうございます。いつも相談に乗ってくれて、この本を作るきっかけをくれたPROPO中尾さま、いつも誠実に相談に乗ってくださり、大変感謝しております。ありがとうございます。当社のスタッフも前向きに仕事に取り組んでくれたおかげで、こういう本を作る事が出来ました。みんなありがとう。当社の副社長である野仲智幸も本書の制作に協力してくれ、ご家族の皆さん含め、心より感謝しています。

家族や親兄弟も若い頃より心配ばかりかけますが支えてくれ、心より感謝です。

智彩、佳歩、私の生きがいとして、生まれてきてくれてありがとう。

心よりケアフルとかかわった、多くの皆さまに感謝して。

著者紹介
白子 靖将（しらこ やすまさ）
ケアフル株式会社　代表取締役
千葉&都内のリノベーション専門家

限られた予算の中で、希望を実現させる「大手や不動産屋より安く、安心なリノベーション」を得意とする「ケアフルリフォーム」を創業。

物件選びから、リフォーム計画、設備や建材の選び方などYouTubeやSNSで積極発信中。

プロボクサー、ホテルコック、ITベンチャー、Webサービス法人の立ち上げなど、複数の職種や業種を経験。

様々な業界・業種経験を生かし、旧体質や悪い慣習などの「固定概念に囚われない関わる全ての人がハッピーになる事業作り」がモットー。

最も高価で思い出が残る資産である中古住宅を、リノベーションするサービスの改善&魅力UPに10年以上、全力を注ぐ。

愛読書は「論語」（まだまだ論語読みの論語知らず笑）。

編　　集●山田稔
執筆協力●西田かおり

リフォーム業者からの見積書が高いと感じたら読む本
リフォームのカラクリと悪徳業者に騙されない方法

2024年4月26日　初版第一刷発行

著　者　　白子 靖将
発行者　　宮下 晴樹
発　行　　つた書房株式会社
〒101-0025　東京都千代田区神田佐久間町3-21-5　ヒガシカンダビル3F
TEL. 03（6868）4254
発　売　　株式会社三省堂書店/創英社
〒101-0051　東京都千代田区神田神保町1-1
TEL. 03（3291）2295
印刷／製本　株式会社丸井工文社

ISBN978-4-905084-79-2